목회 프로그램 3

성공적인 목회를 위한

전도 프로그램

한국장로교출판사 편

한국장로교출판사

이 땅에는 각 시대마다 믿음의 중심에 서서 하나님의 뜻을 분별하고자 한 선조들의 노력으로 부흥운동이 일어나고, 복음의 물결이 흘러넘쳤습니다. 2009년, 본 교단에서 실시하고 있는 '예장 300만 성도운동'은 이러한 믿음의 대를 잇는 부흥운동입니다. 교회 부흥의 전기를 마련하며, 이웃전도와 섬김, 그리스도를 본받는 성도의 삶을 통한 교회 갱신에 초점을 둔 전도운동입니다. 이를 위해 개교회는 이전보다 적극적이고 활발한 전도 프로그램의 운영을 요청 받고 있습니다.

　　「성공적인 목회를 위한 전도 프로그램」은 이러한 공통의 실천과제에 도움을 주고자 기획되었습니다. 전도운동을 통한 성공적인 목회란 단순히 수의 증가를 의미하는 것이 아니라 전도의 신학적, 성서적 의미가 깊이 이해되고, 예수님이 전해 주신 하나님 나라가 선포되며, 성도를 성숙한 신앙으로 이끌어 참된 전도문화를 형성해 나가는 것을 의미한다고 할 수 있습니다. 본서는 이러한 뜻으로 전도에 대한 새로운 이해와 방법을 찾는 교회는 물론 프로그램 구성, 진행 및 환경적, 인적, 물질적 관계로 어려움을 겪고 있는 교회를 위해 다양한 환경에서 실행되고 있는 전도 프로그램을 담아 보았습니다.

　　"문화전도", "생활전도와 섬김", "전도와 양육" 편으로 나누어 목회현장에서 사용 가능한 다양한 형태의 전도 프로그램을 소개하고 있는데, 각 프로그램의 첫 페이지에는 프로그램을 실행하는 데 필요한 세부사항이 보기 쉽게 정리되어 있습니다. 각 프로그램마다 목적과 과정을 포함한 운영방식이 자세히 설명되어 있으며,

머 · 리 · 말

목회적 효과와 보완점, 성도들의 간증을 포함한 생생한 현장의 이야기를 담고 있습니다.

　책의 발간을 위해 사명감을 가지고 전도 프로그램의 모든 과정을 나누어 주신 광주성안교회, 분당제일교회, 안양제일교회, 연동교회, 영문교회 목사님들께 감사를 드리며, 수고하신 한국장로교출판사 직원 여러분께도 감사를 드립니다. 이 책이 목회현장에서 귀하게 사용되어 믿음의 열매가 맺히는 데 기초가 되기를 기대해 봅니다.

2009년 10월
한국장로교출판사 사장 채형욱 목사

지난 120여 년의 기독교 역사 속에서 한국교회가 믿음의 반석을 든든히 하여 지금까지 걸어오게 된 것은 하나님의 은혜임을 고백하지 않을 수 없습니다. 또한 우리보다 먼저 교회를 세워 나가신 믿음의 선조들을 생각하면 감사의 찬양이 멈추지 않습니다.

예수님께서는 연약한 베드로와 사도들을 불러 예수님의 사람으로 만드셨고, 예수님의 생을 담대히 선포할 수 있도록 도우셨습니다. 또한 예수님을 핍박하던 바울을 변화시키셔서 그의 입술을 통하여 많은 영혼들이 구원에 이르도록 하셨습니다.

요즈음 일부 사람들은 한국교회를 향하여 무분별하게 비난을 퍼붓기도 합니다. 그러나 우리의 연약함을 들어 사용하시는 주님을 믿고, 담대하게 복음을 선포하는 그 자리에, 베드로를 비롯한 사도들과 바울의 형상이 나타나게 될 것을 믿습니다. 그 도구로 먼저 부르심을 받아 사용되는 것을 주님께 감사드립니다. 우리는 그 힘으로 내 안에 계신 예수 그리스도를 나타내는 향기로운 도구가 되어야 할 것입니다.

이제 우리는 세상에 속하지 않고 하나님 나라에 속하여 주님처럼 "하나님을 기쁘시게 해 드리는 일"(요 8 : 29)에 힘쓰기로 약속하였습니다. 주님께서는 하나님을 기쁘시게 하기 위해 복음을 전하는 일에 많은 시간과 에너지를 쏟으셨습니다. 하나님께서 기뻐하시는 일에 힘을 쏟고 있는 우리 총회는 주님의 말씀을 붙잡고 땅 끝까지, 구석구석 복음을 선포하는 일에 앞장서야 할 것입니다.

추 · 천 · 사 1

    93회기 총회장이신 김삼환 목사님을 중심으로 우리는 300만 성도운동에 힘써 왔고, 풍성한 열매를 맺어 왔습니다. 여기서 멈추지 않고, 300만 성도운동을 발판으로 삼아 하나님의 역사를 선포하며 뻗어 나갈 한국교회의 미래를 기대해 봅니다. 이 사명을 받아 출간되는 이 책이 계속해서 이어질 한국교회의 복음전파에 귀한 동력으로 사용되어지기를 바랍니다. 주님을 사랑하는 마음으로 책을 만들고 나누어 주신 개교회 목사님들과 한국장로교출판사 직원 여러분께 감사를 드리며, 이를 나누는 교회마다 목회에 실제적인 도움을 얻고, 전도의 사명에 더욱 깊이 동참하게 되기를 기도합니다.

2009년 10월
대한예수교장로회총회 총회장 지용수 목사

건강한 교회는 영적 지도력과 그리스도인으로서의 정체성이 확립되어 있고, 말씀을 실천하는 교회입니다. 빛과 소금의 역할을 감당하며 복음을 담대히 선포하는 교회입니다.

사도들은 땅 끝까지 이르러 증인의 삶을 살라 하신 주님의 말씀을 따라 구석구석 복음을 전했고, 그 복음을 먼저 접한 믿음의 선조들은 영혼 구원을 위해 말도 통하지 않고, 가난과 온갖 어려움이 가득했던 이 땅에 왔습니다. 마음속에 불타는 사랑으로 마지막 생이 다할 때까지 예수 그리스도를 전하였습니다. 그 씨앗이 풍성한 숲을 이루어 이제 한국교회는 세계교회가 주목하는 부흥과 성장을 이루었습니다. 우리가 받은 복음의 빚을 갚으며, 선교의 주역으로 서게 되었습니다.

그러나 우리가 많은 선교사를 파송하고, 세계 각처에 복음의 씨앗을 뿌리고 있는 때에 안에서는 이단과 사이비가 득세하고, 교회를 향한 날카로운 비난이 소리가 커지고 있습니다. 어려움이 몰려올수록 교회는 마음을 새롭게 하여 하나님 앞에 무릎 꿇어야 합니다. 손에 주어진 복음을 들고 희생의 정신으로 무장해야 합니다. 희생이란 목숨을 내놓아야만 이루어졌다 말할 수 있는 것이 아닙니다. 복음의 빚진 자라는 겸손한 마음을 가지고, 구원 받음을 감사하며, 삶의 자리에서 더 사랑하고, 더 섬기는 것입니다.

이러한 마음으로 우리 교단은 300만 성도운동을 전개했고, 내면을 갱신하여 교회 안팎의 문제와 어려움을 풀어 왔습니다. 전도에 마음이 하나 됨으로 침체에 빠

추 · 천 · 사 2

져 있던 한국교회와 민족에 희망을 선포할 수 있었습니다.

이 책은 그러한 전도에 걸맞은 교회 갱신과 복음전도에 관련한 다양한 교회의 사례를 싣고 있습니다. 성장하는 교회 안에서 찾을 수 있는 겸손과 희생, 섬김의 모습이 고스란히 담겨 있습니다. 이를 통하여 한국교회 전체가 복음전파의 마음을 다시 한번 결단하여 실질적인 교회 성장을 이루고, 건강한 교회로서 신뢰를 회복하여 우리 사회와 세계 교회를 견인하는 교회가 되기를 바랍니다.

우리를 부르시어 복음 전파의 일꾼으로 세우신 주님의 은혜가 온 교회 위에 함께하시기를 기원합니다.

2009년 10월
제93회 증경총회장, NCCK 회장 김삼환 목사

할렐루야!

우리 대한예수교장로회 총회는 한국교회의 부흥과 영적 성장을 견인하고 세상을 섬기는 아름다운 교회상을 마련하기 위해 '예장 300백만 성도운동'을 전개하기로 결의하였습니다. 이후 본 교단 산하 교회들은 기도하고 헌신하여 세상을 섬기는 교회로 거듭나고, 불신자들에게 하나님의 말씀을 말로, 몸으로 전하기 위해 노력했습니다.

그 결과 지역마다 기도와 찬양의 소리가 크게 울려 퍼지고, 하나님을 향한 순종이 일어나며, 불신자들이 복음을 듣게 되었습니다. 이 모든 것은 하나님의 은혜입니다. 하나님께 감사드리며, 우리 모두에게 기쁨이 되는 전도에 더욱 힘을 실어 하나님 나라를 향한 열정이 넘치기를 기원합니다. 또한 이 열정이 우리 세대뿐 아니라 후손에게도 전달되어 지금 시행되는 300만 성도운동을 중심으로 전도의 열기가 점점 확산되고, 한국 교회사에 귀한 운동으로 남기를 기대해 봅니다.

전도는 쉬운 것이 아닙니다. 한 영혼에게 복음을 전하고, 한 영혼을 살리는 일은 이 세상의 무엇에도 비교할 수 없을 만큼 어려운 일입니다. 그러나 우리는 주님을 향한 거룩한 사명을 가지고 지속적으로 전도를 향한 마음을 불태우고, 사명을 되새겨 목소리를 높여야 합니다.

이 책에는 하나님과 우리의 기쁨이 되는 전도가 300만 성도운동을 시작으로 불이 더욱 활활 타오르게 되기를 바라는 마음과 다양한 프로그램이 담겨 있습니다.

추 · 천 · 사 3

300만 성도운동은 우리가 꿈꾸는 하나님 나라의 시작입니다. 우리는 앞으로도 여기에 나온 다양한 전도방법들을 통해 하나님 말씀을 전할 수 있을 것입니다.

이 책이 나오기까지 수고하신 여러분들께 감사드리며, 이를 전도의 도구로 삼아 전도의 귀한 열매를 맺으시기 바랍니다. 변함없는 주님의 사랑이 여러분 모두에게 함께하시길 기원합니다.

2009년 10월
예장 300만 성도운동 본부 본부장 안영로 목사

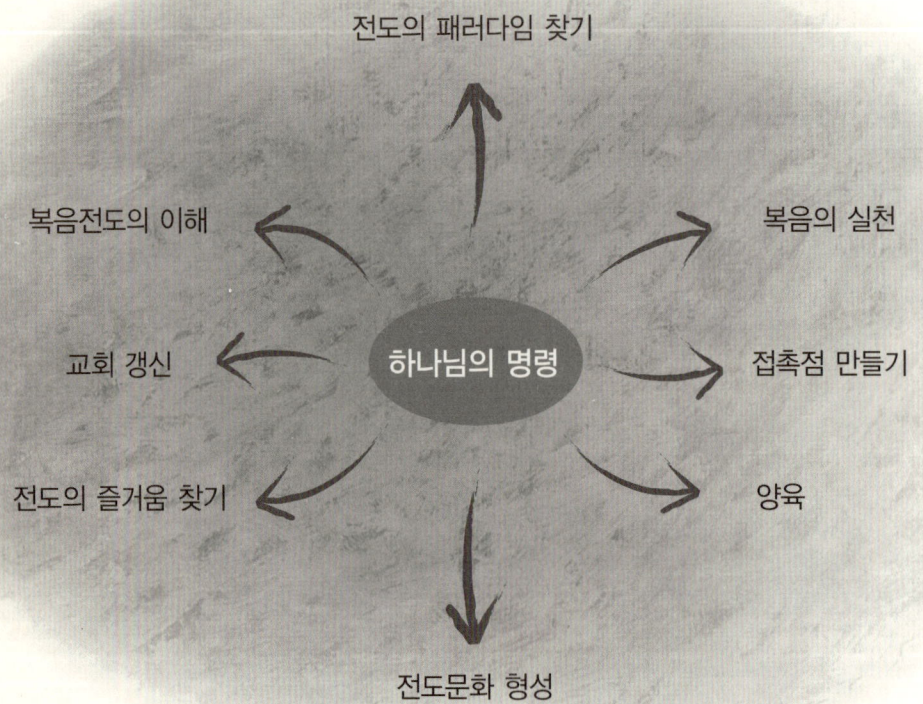

| 차 례 |

머리말 / 2
추천사 1 _ 지용수 / 4
추천사 2 _ 김삼환 / 6
추천사 3 _ 안영로 / 8

전도! 교회의 사명 / 13

제1편 문화전도 23

1. 축구선교회를 통한 전도 _ 연동교회 / 24
2. 문화선교와 지역 섬김을 통한 전도 _ 영문교회 / 40

제2편 생활전도와 섬김 67

3. 전교인 택시 타기를 통한 전도 _ 연동교회 / 68
4. 이동목욕봉사와 사랑의 장바구니를 통한 전도 _ 안양제일교회 / 80

제3편 전도와 양육 93

5. 구역조직과 총동원전도 _ 광주성안교회 / 94
6. 사랑의 동산과 맞춤형 전도 _ 분당제일교회 / 122

1907년 평양대부흥운동을 통한 신앙각성운동이 일어나다.

1920년대 진흥운동을 통한 유년주일학교의 성장과 청년전도가 일어나다.

1950년 6·25 속에서 신앙교육과 학교교육이 일어나다.

1960년대 산업화 시대에 대도시 중심으로 교회 부흥이 일어나다.

1970년대 총회의 부흥운동과 선교사 파송이 일어나다.

한국교회는 하나님으로부터 전도의 사명을 받았다. 복음전도를 마음으로 이해하고, 그 방향성을 찾아 실천할 수 있을 때 한국교회는 참된 전도문화를 형성하며 즐거워하고, 이 땅에 하나님의 역사가 일어나게 될 것이다.

전도! 교회의 사명

1907년 '평양대부흥운동'은 신앙 각성과 토착 기독교가 형성되도록 했다. 1920년대 장로교회 총회가 추진한 '진흥운동'으로 유년주일학교가 부흥하고, 청년운동이 일어났으며, 여러 개신교 교단 및 기독교 기관들과 연합하여 협력 사업을 벌이면서 농촌운동, 질병(한센씨병, 결핵)퇴치운동, 절제운동(금주, 금연), 공창폐지운동 및 사회선교와 봉사가 두드러진 부흥운동이 일어났다. 이후 6·25 속에서 일어난 부흥운동은 배고프고 헐벗은 사람들의 눈물과 한숨을 씻어 주며, 집단적 신앙 연단의 기회가 되었다. 이후 총회는 지속적으로 '만사운동', '생명 살리기 10년 운동', '100만인 전도운동', '어린이·청소년 전도운동'을 전개했다.

이렇듯 한국교회는 전도를 교회의 사명으로 여기며 복음을 전하는 데 힘썼다. 그러나 개신교 인구는 점점 감소되고, 전도보다는 교회의 반성을 우선적으로 요구하는 목소리가 곳곳에서 들린다. 이러한 상황을 두고 한미준(한국교회 미래를 준비하는 모임)과 한국 갤럽의 조사 결과를 보면 교회의 양적 팽창, 개교회 중심의 이기심, 교회의 세속화 등이 문제의 원인으로 나타나고 있음을 알 수 있다.

또 하나의 이유는 교회 내부에서 나타난다. 물량주의적 공세와 양적 성장에 염증을 느낀 일부 시각에서는 냉소적이고 부정적으로 전도운동을 바라본다. 이 역시 교회 밖에서 들려오는 많은 이야기들과 맥을 같이하지만, 교회 바깥뿐 아니라 교회 내부에서조차 이러한 이야기가 들려오는 것은 분명 교회의 전도를 다시 생각하고, 방향성을 재설정해야 한다는 과제를 던지는 것이다.

이미 교회 안과 밖에서는 교회가 가진 전도에 대한 문제와 그 원인을 충분히 분석하고, 무엇을 반성해야 하는가에 대한 답도 남겨 놓았다. 그러나 우리는 여기서 멈춰서는 안 된다. 어떤 단체든 사회든 한 단계, 한 단계 성장하기 위해 깊은 고민과 논의가 끊겨서는 안 된다. 그 고민과 논의를 다음 단계로 나아가기 위한 발판으로 삼아 어떻게 문제를 풀어 나가야 할 것인가에 대해 고민하고, 그것을 행동으로, 삶으로 옮길 때 이 땅에 또다른 부흥이 찾아올 것이라 믿는다. 현 시대의 전도운동을 우리가 이 땅에서 풀어야 할 삶의 마지막 과제이자 사명으로 여기며 나아간다면 이는 하나님 나라를 이루는 데 작은 초석이 되어 21세기에 하나님의 부흥이 넘치는 거룩하고 놀라운 사건을 경험하게 될 것이다.

이에 우리는 2009년 6월 22일, 한국교회의 대표적인 신학자들과 목회자들이 모여 개최한 "예장 300만 성도운동 제1회 신학 심포지움"에서 논의된 것들을 통해 생각할 수 있는 '거리'를 제공하고, 복음의 본질과 새로운 전도 패러다임을 이해해 보고자 한다.

전도는 어디에서, 무엇으로부터 시작되어야 할까? 단연 전도에 대한 올바른 이해에서 시작되어야 마땅할 것이다. 전도는 왜 해야만 하며, 무엇을 전해야 하는지 아는 것에서부터 시작된다. 이에 대해 한국일 교수는 다음과 같이 말했다.

> 복음전도는 예수님이 교회에 주신 명령이다. 하나님 나라의 복음은 세상에 알고 있는 모든 사람들에게 전파되어야 한다. 그 이유는 모든 사람들이 복음을 듣고 구원에 이르는 지식을 얻게 하는 것이 하나님의 뜻이기 때문이다(딤전 2 : 4). 교회는 처음부터 복음을 전하는 일에 충실하였다. 공개적인 복음전도가 금지되고 생명이 위협 받는 박해 상황에서도 교회와 그리스도인들은 복음전파에 충실하였다. 그것은 복음전도가 교회의 본질이며 생명임을 확신하였기 때문이다.[1]

말 그대로 복음전도는 하나님 나라의 기쁜 소식을 전파하는 것이다. 그 안에는 그리스도인들이 받은 구원, 기쁨, 감격의 모든 것이 함축되어 있다. 그러므로 그리스도인들은 하나님께로부터 받은 것을 나누며 증인의 삶을 살아야 한다. 우리 교

---

1. 한국일, "300만 성도운동과 한국교회의 공적 책임," 「한국교회 부흥운동 역사에 미치는 300만 성도운동의 역할과 의미」(대한예수교장로회총회 예장 300만 성도운동본부, 2009), p. 94.

단에서는 이러한 뜻으로 '예장 300만 성도운동'을 진행 중에 있다. 이 운동은 우리가 받은 복음의 기쁨을 나누고자 하는 운동이다. 또한 단순히 교세를 늘리려는 그 이상의 의미가 있다. 박상진 교수가 제안한 것처럼 이 운동은 "복음전파와 영혼 구원이라는 교회의 본질적 사명을 감당하는 운동일 뿐 아니라 반기독교 정서가 팽배한 사회를 향한 섬김의 운동이며, 교회가 복음의 능력으로 충만하게 되기를 바라는 교회회복운동이며, 땅 끝까지 복음을 전하는 선교운동으로 제자 삼고, 가르치고, 지키게 하는 운동"[2]이다. 교육목회적 관점에서는 한국교회의 심각한 위기인 '신앙의 대 잇기 위기'를 극복하고 다음 세대에게 신앙을 전수할 수 있는 계기이다.

그렇다면 복음전도를 위해 교회는 어떤 것부터 시작해야 할까? 위에서 언급했듯 한국교회의 상황은 좋지 않다. 이러한 상황에서 무조건적으로 복음을 전한다는 것은 복음전도의 효율성을 떨어뜨릴 뿐 아니라 복음에 대해 거부감을 갖고 있는 사람들에게 좋지 않은 이미지만 심을 뿐이다. 그러므로 우리에게 필요한 것은 복음을 외치는 것에 앞서 복음의 씨앗을 받아들일 수 있는 토양을 만드는 것이다.

이를 위해 모든 신학자들과 목회자들은 한목소리로 '교회 갱신'을 말한다. 교회 갱신은 곧 영적 각성을 뜻한다. 지난 한국교회의 부흥운동은 모두 영적 각성의 결과였다. 심포지움에 참여한 학자들의 대부분은 한국교회 침체의 가장 큰 이유로 낮은 신뢰도를 꼽고 있다. 영적 각성을 통하여 교회는 낮은 사회적 신뢰도를 회복하고 사회와 소통할 수 있는 계기를 만들 수 있다. 교회 갱신은 잃어버린 신뢰를 회복하고, 교회가 사회와 가까워지는 첫걸음인 것이다.

임희국 교수는 영적 각성 없는 교회 갱신을 경계하면서 다음과 같이 말했다.

> 하나님의 선교에 참여하려면 먼저 성도 한 사람, 한 사람이 신앙의 본질을 회복해야 합니다. 마치 운동선수가 시합하러 나가기 전에 체력을 단련하고 체중을 조절하듯이 우리도 전도하러 나서기 위하여 먼저 우리 자신을 살피며 신앙을 단련해야 할 것입니다. 성부, 성자, 성령 하나님에 대한 신앙고백을 점검하고, 하나님의

---

2. 박상진, "예장 300만 성도운동의 교육목회적 의미," 「한국교회 부흥운동 역사에 미치는 300만 성도운동의 역할과 의미」(대한예수교장로회총회 예장 300만 성도운동본부, 2009), p. 41.

말씀에 대한 이해가 올바른지 점검한 다음에 전도하러 나서야 할 것입니다. 이러한 점검을 생략한 채 전도에 나선다면 300만 성도운동은 교회로 사람을 데려오는 것에 국한될 공산이 큽니다.[3]

교회 갱신은 성도가 신앙의 본질을 회복함으로 하나님의 도구로 사용될 수 있는 통로로 사용될 수 있다. 그렇다면 교회 갱신으로부터 시작된 복음전도는 궁극적으로 어떤 목표를 지향해야 할까?

이만규 목사는 이를 좀더 구체적으로 제시한다. 물론 복음전도의 일차적 목표는 하나님 나라를 확장하고 복음을 증거하는 일이지만 특별히 이만규 목사의 주장에서 보이는 바와 같이 그 이상의 목적을 찾을 수 있다. 이를 구체적으로 살펴보면 교회의 영적 능력을 회복하고, 온 교회가 하나 됨의 기회로 삼아 전도문화를 형성하는 데까지 이를 수 있다는 것이다. 300만 성도운동을 한국교회의 영적 능력을 회복하는 길로 삼아 모든 교회들이 같은 목적과 훈련 아래 하나가 되고, 전도를 일상화하여 전도의 문화를 만드는 계기로 삼아야 한다는 것이다.

> 영적 능력의 회복 : 논찬자는 300만 성도운동으로 한국 사회가 침체에서 벗어나고 한국교회가 영적 능력을 회복하는 계기가 될 수 있다고 봅니다. 나태한 우리 한국 기독교인들에게 하나님이 주신 기회일 수 있다는 것입니다. 이 운동으로 말미암아 전도문화를 만들고, 절망의 역사를 희망의 역사로 만들 기회가 될 수 있다는 것입니다. 더욱 어둠의 세력이 지배하는 것 같은 불안한 우리 사회가 이 300만 성도운동을 통하여 영적 각성이 일어나고, 교회의 본질을 회복함으로 우리 시대의 영적·정신적 어두움이 걷히고, 죽음의 문화가 생명의 문화로 새로워지고, 오염된 시대정신이 바로 설 수 있는 계기가 될 수 있습니다.

---

3. 임희국, "예장 300만 성도운동의 교회사적 의미," 「한국교회 부흥운동 역사에 미치는 300만 성도운동의 역할과 의미」(대한예수교장로회총회 예장 300만 성도운동본부, 2009), p. 21.

하나 됨의 기회 : 300만 성도운동은 교단 산하 교회들의 하나 됨과 정체성을 회복시키고 있습니다. 하나 되어 이 일을 하도록 하고, 이 일을 함으로 하나 되게 되는 효과가 있다는 것입니다. 노회 교회들이 혹은 시찰 교회들이 한 자리에 모여서 같은 목적으로 전진대회를 하고, 전략과 프로그램을 공유하고, 함께 전도훈련을 하고, 다음으로 노회와 총회, 그리고 우리 모두가 하나임을 확인하게 되며 이 하나 됨이 이미 커다란 힘이고, 우리 하나님을 영화롭게 하는 것임을 경험하고 있습니다. 따라서 300만 성도운동은 하나 됨의 기회입니다.

전도문화 운동 : 총회가 선교대회를 하고, 노회가 전도대회를 하고, 시찰별로 전도 계획을 세우고, 전도훈련을 하고, 각 교회가 전도에 힘쓰게 되는 이 300만 성도운동은 무력하게 나태해 침체되어 있던 교회들을 다시 일으켜 세우고 전도를 일상화하여 전도의 문화를 만드는 기회가 되고 있습니다. 전도의 붐(Boom)을 일으키고 있다는 것입니다. 교회를 전도형의 교회로 생명 구원의 사명을 자각시키는 효과가 있다는 것입니다. 실제로 개교회에서는 전도운동을 시행할 때 직접적인 전도효과보다는 간접적인 전도효과, 전도의 시너지 효과를 경험하기도 합니다. 교회 주변 지역의 영적 문화가 그렇게 바뀌는 것을 경험합니다.[4]

그러나 아직까지도 많은 성도들이 '전도'라 하면 부담감부터 갖는다. 그럼에도 불구하고 해야만 하는 우리의 사명 전도! 그 전도를 통해 사람들은 과연 '무엇'을 얻을 수 있을 것인가? 전도를 통해 얻을 수 있는 것, 우리가 계속해서 묵상하고 추구해야 할 것은 전도에서 얻는 '즐거움'이다. 그것을 통해 우리는 주님께서 주시

---

4. 이만규, "'예장 300만 성도운동의 교회사적 의미'에 대한 논찬," 「한국교회 부흥운동 역사에 미치는 300만 성도운동의 역할과 의미」(대한예수교장로회총회 예장 300만 성도운동본부, 2009), pp. 36-37.

는 영적 능력을 회복하고, 그리스도 안에서 하나가 되어 가며, 진정한 의미에서의 21세기 전도문화 운동을 일으킬 수 있다.

> 예수님의 비유 말씀에 따르면 뒤쳐진 자를 배려하는 교회에게 하나님은 반드시 상을 주십니다. 잃은 양을 찾아낸 목자의 '즐거움'과 잃은 은전을 찾아낸 여인의 '즐거움'이 바로 그것입니다. 이러한 즐거움은 잘 먹고, 좋은 옷을 입고, 많이 쓰는 즐거움과 질적으로 다릅니다. 땅에서 찾는 즐거움이 아니라 위에서 선물로 내려오는 즐거움입니다. 이것은 뒤쳐진 자를 배려하는 사람에게 하나님이 주시는 즐거움이며, 이런 뜻에서 '즐거운 경건'입니다. 따라서 우리에게는 '즐거운 경건, 즐기는 경건'이 있습니다. 이것은 교회 갱신의 즐거움이고, 갱신하는 교회의 즐거움입니다.
>
> 하늘로부터 내려오는 즐거움은 저 혼자서 즐기는 것이 아니라 '벗과 이웃들과 함께 잔치를 벌이며 즐거워하는 것'입니다. 나누는 즐거움! 흔히들 말하듯이 기쁨을 나누면 그 기쁨이 두 배, 세 배로 커지게 됩니다.
>
> 여기에서 우리는 '즐거운 교회, 잔칫집 같은 교회'를 새로이 의식하게 됩니다. 그저 교인들이 많이 모이고, 헌금과 예산이 차고 넘쳐서 즐거운 교회가 아니라 잃은 양을 찾아내고 잃은 은전을 찾아낸 즐거움으로 기뻐하는 교회입니다. 물량적 성장을 추구해 온 교회들이 깊이 새겨 봄직한 '잔칫집 같은 즐거운 교회'입니다. 웃음과 기쁨, 그리고 즐거움으로 소통되는 교회입니다. '예장 300만 성도운동'의 즐거움과 기쁨이 바로 여기에 있다고 믿습니다.[5]

임희국 교수의 제안처럼 전도에 대한 생각을 더욱 새롭게 하고, 이제 우리는 무엇을 하면서 나아가야 할지 생각해 볼 때이다. 복음전도의 이해와 실천의 양날을 손에 쥐고 나갈 때 앞서 생각해야 할 것들은 무엇이 있을까? 박상진 교수는 양육운동과 접촉점 만들기 운동을 제시하였다.

---

5. 임희국, p. 25.

'성도'(聖徒)는 하나님의 거룩한 백성으로 자라 가야 한다. 전도된 사람은 체계적으로 양육 받아 신앙이 성숙함으로 또다른 사람들을 전도하고 양육할 수 있는 그리스도인으로 세워져야 한다. 교회마다 목회철학이 다르고 성인교육의 방식이 다를 수 있지만 새 신자가 교회에 첫발을 딛는 순간부터 시작해서 '성숙한 그리스도인'이 되기까지의 양육과정이 체계적으로 확립되어야 한다. 신앙의 발달단계에 따른 적절한 교육이 이루어질 때 중도에 교회를 그만두거나 신앙생활을 포기하지 않고 신앙이 자랄 수 있고, 결국 다른 사람을 전도하고 양육할 수 있는 재생산(reproduction)이 이루어질 수 있다.[6]

예장 300만 성도운동은 믿지 않는 자들과 접촉점(Contact point)을 만듦으로써 이루어질 수 있다. 오늘날 아동과 청소년은 물론 성인들을 대상으로 하는 전도에 실패하는 가장 큰 이유는 접촉점을 갖지 못하기 때문이다. 예수님은 사마리아 수가 성 여인을 전도할 때에 "물 좀 달라."고 말씀하시며 접촉점을 만드셨다. 누군가를 전도하고 교육하기 위해서 가장 중요한 것은 그 사람의 눈높이를 맞추는 것이고, 그들의 문화와 소통함으로써 접촉점을 갖는 것이다.[7]

박봉수 목사는 실제적으로 전도하는 대상인 교인들의 양육에 관하여 짚었다. 교인들이 전도를 하기 위해서는 영적으로 성숙해야 하는 것과 전도훈련이 필요하다는 것이다. 이를 위한 전도대 훈련의 커리큘럼을 세우고, 전도하는 교회로의 변화를 위해 비전을 나누고 환경을 만드는 교회가 되어야 한다는 것이다.

우선 교회는 교인들을 전도자로 세워 가야 한다. 전교인에게 전도의 필요성을 강조하고 전도에 대한 부담감을 가지고 적어도 전도 대상자를 품고 기도하게 이끌

---

6. 박상진, pp. 46-47.
7. 위의 책, p. 48.
8. 박봉수, "'예장 300만 성도운동의 교육목회적 의미'에 대하여," 「한국교회 부흥운동 역사에 미치는 300만 성도운동의 역할과 의미」(대한예수교장로회총회 예장 300만 성도운동본부, 2009), p. 57.

어 주어야 한다. 이것을 위해 교회는 교육목회적 노력이 필요하다. 전도학교를 개설한다든지, 설교를 통해 전도를 강조한다든지 하는 것과 같은 교육목회적 접근이 필요하다.

다음으로 교회는 전도대를 구성하여 교회 전도를 견인해 갈 필요가 있다. 이때 전도대를 모집하고 훈련하는 일에 교육목회적 노력이 필요하다. 전도대를 훈련시킬 커리큘럼이 필요하기 때문이다. 나아가 교회가 전도하는 교회로 체질이 바뀌어야 한다.[8]

우리는 가장 어려운 시기를 살아가고 있다. 방법을 찾으면 본질을 잃기 쉽고, 본질만 추구하다 보면 목표를 이루는 방법을 잃기 쉽다. 혹은 너무나 이상에 빠져 현실을 직시하지 못하는 경우도 있다.

이미 교회 안에는 수많은 전도법이 생겨났고, 사용되고 있다. 그 이전에 우리는 새로운 21세기의 시대 상황에 상응하는 전도의 새로운 패러다임을 찾아야 한다. 보다 근원적으로는 전도의 의미를 되짚어 보고, 전도가 주는 의미를 좀더 섬세하게 찾아봐야 한다. 그것은 전도를 통하여 성도 개개인이 얻는 의미일 뿐 아니라 교회 전체가 얻는 의미를 포함한다. 이 의미를 기억하며 전도에 앞장서야만 할 것이다.

예장 300만 성도운동은 기독교의 본질을 회복하는 운동이다. 예수 그리스도의 증인으로서 그리스도인 됨의 본질, 생명의 복음을 전하는 교회 됨의 본질, 회심과 양육의 사명을 감당하는 기독교교육의 본질을 회복하는 운동이다. '300만'은 숫자이지만 단지 숫자가 아니라 한 영혼 한 영혼의 귀중함이 담겨 있으며, 이 시대 우리에게 하나님이 맡겨 주신 사명(mission)이요, 부르심(calling)이다.[9]

이러한 목표를 삼을 때 300만 성도운동은 단순히 양적 증가를 표하는 것이 아니라 한국교회를 세우고 일으키는 가슴 벅찬 일이 될 것이다. 이제 여기서 한걸음 더 나아가 300만 성도운동을 실행하기 위한 논의들을 살펴보자.

9. 박상진, p. 53.

이 운동이 단순한 숫자 불리기 운동이 아니라 총체적 부흥운동이라면, 300만 명이라는 수적 목표 달성과 함께 총체적 부흥운동으로서의 콘텐츠를 보다 선명하게 제시할 필요가 있다. 즉, 교단 전체적 차원, 노회 차원 및 지역교회 차원에서 다양한 영적회개운동 및 각성운동을 위한 프로그램을 시행하거나, 교회의 사회적 책임을 보다 적극적으로 감당하기 위한 프로그램을 제시하는 것도 중요한 방안이라 여겨진다.[10]

김승호 교수가 제안한 것처럼 300만 성도운동의 궁극적인 목적을 이루기 위해서는 이를 위한 구체적인 방안을 세우고, 실천해 나가는 것이 필요하다. 이에 우리는 과거지향적인 전도 형태에서 벗어나 현 시대와 교회가 필요로 하는 복음전파와 삶의 실천을 목적으로 하는 여섯 가지의 전도 프로그램을 제시할 것이다. 이 프로그램들은 이미 개별 교회에서 실행하여 효과가 증명된 것으로, 이러한 것들을 모델삼아 교회의 상황에 맞게 적용한다면 크게 도움이 될 것이다.

이제 우리는 주변의 우려와 염려, 따가운 시선을 극복하고 하나님과 참된 일대일의 관계에 선 사역을 시작할 수 있다. 우리 사회와 교회를 일으켜 세우고, 도우시는 하나님의 역사와 계획이 우리 가운데 임하여 한국기독교역사에 또 하나의 부흥운동으로 기록되기를 소망해 본다.

"하나님은 모든 사람이 구원을 받으며 진리를 아는 데에 이르기를 원하시느니라"(딤전 2 : 4).

---

10. 김승호, "'예장 300만 성도운동의 종교사회학적 의미'에 대한 논찬," 「한국교회 부흥운동 역사에 미치는 300만 성도운동의 역할과 의미」(대한예수교장로회총회 예장 300만 성도운동본부, 2009), p. 82.

제1편
문화전도

1. 축구선교회를 통한 전도
_ 연동교회

2. 문화선교와 지역 섬김을 통한 전도
_ 영문교회

1. 축구선교회를 통한 전도

연동교회

축구선교는 선교단원들에게 신앙심 함양, 선교의식 고취, 친교와 봉사를 통한 교제뿐만 아니라 일상생활의 규모를 이루고, 교회 안과 밖에서 건강한 삶을 이루게 한다.

축구공을 매개로 이루어지는 이 프로그램은 선교의 목적을 가지고 말씀선포와 기도회 모임을 통하여 교인을 성장시킨다. 어느 교회에서나 단기간에 적은 비용으로 시작할 수 있다는 점에서 높은 효율성을 갖는다. 다양한 연령층이 공동체를 이루고, 교회 일꾼으로 배출되며 이를 통해 교회가 성장한다.

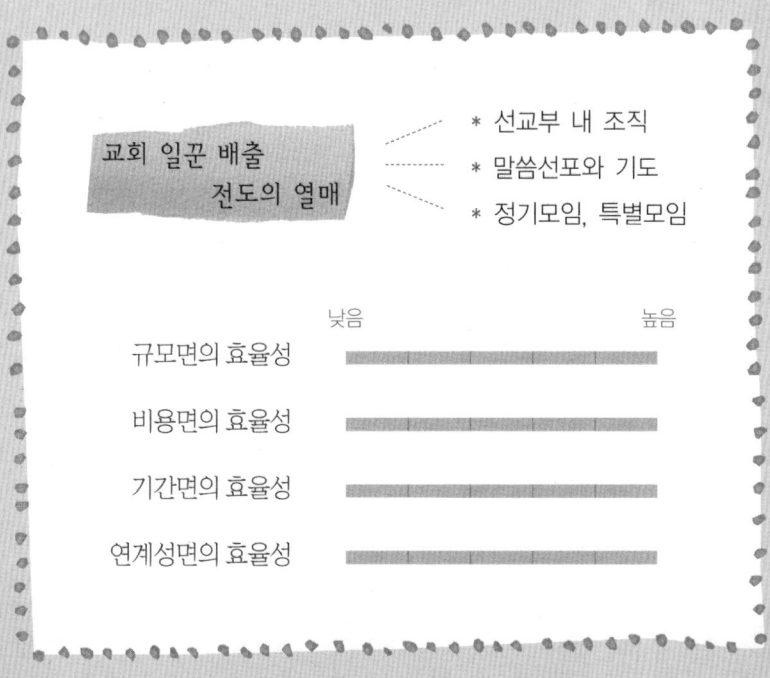

지난 2005년 한국교회 미래를 준비하는 모임(한미준)에서 출간된 "한국교회 미래 리포트"라는 보고서와 2005년에 정부에서 실시한 '전국 인구 통계 조사' 결과를 보면 우리나라 종교와 관련된 통계 자료 부문에 엄청난 지각변동이 일어났다는 것을 알 수 있다. 천주교, 불교의 인구수가 눈에 띄게 증가한 반면, 우리 개신교 인구가 증가 추세에서 감소 추세로 바뀌었다고 보고되었기 때문이다. 미래 목회에 있어서도 가장 강조해야 할 교회의 기능은 변함없이 예배이지만, 나아가 교회 내에 절대다수를 차지하고 있는 명목상의 그리스도인들이 주님의 몸 된 교회를 섬길 수 있는 그리스도의 제자로 변화되려면 교회는 무엇을 해야 하는가? 바로 교회의 본질이라 할 수 있는 교육, 친교, 봉사, 선교를 균형 있게 극대화시켜야 할 것이다. 여기서 우리는 선교와 관련해서 주목해야 할 것이 몇 가지 있다. 바로 "교회의 이미지를 어떻게 하면 제고할 수 있는가?", 그리고 "어떻게 하면 명목상의 교인들을 교회로 이끌어 낼 것인가?" 하는 것이다.

이러한 시대적 변화에 민감하고, 또 목회적인 관심을 가지게 되면, 결국 교회 안에 있는 크고 작은 공동체 안에서 시도해 볼 수 있는 다양한 선교 프로그램을 발견하게 된다. 특별히 남자 성도들을 교회의 중심으로 세우고자 할 때, 주변인에 머물고 있는 남성들을 깨워서 사역의 동역자로, 리더자로 세우는 목회가 실로 필요하다. 교회라는 신앙공동체 속으로 새로운 사람들을 끌어들이는 데 있어서 축구공을 매개로 한 자연스러운 전도 및 친교는 거부감이 적고, 관계의 연결 및 지속이 보다 쉽다는 장점이 있다. 특히 현대인들에게 이념화된 듯한 건강에 대한 관심은 운동과 더불어 선교라는 일석이조의 효과뿐만 아니라 교회의 소그룹 활동과 교제라는 또 다른 부대 효과를 노릴 수 있어 복음의 시너지 효과를 기대할 수 있는 활동이 되었다. 또한 이러한 모임을 조직함으로써 선교의 장을 보다 넓혀 갈 수 있다는 것도 고려해 볼 만하다. 이에 '연동교회 축구선교회'를 바탕으로 프로그램 운영과 실천을 위한 구체적 방안을 소개한다.

1. 축구선교회

1) 목적 세우기

교회 내에 축구를 좋아하는 남성들을 중심으로 교회 안에서 건강과 선교에 관한 관점을 살려 교회생활에 새로운 동기를 부여하고, 선교의 장을 보다 넓히기 위해 축구선교회가 창단되었다. 특히 교회 밖의 사람들과 접촉할 수 있는 선교적 도구가 절실했기 때문에 "축구공 하나로 하나님의 나라를 넓혀 가고, 우리의 이웃과 함께 땀을 흘리고, 같이 뛰면서 예수 그리스도의 복음을 몸으로 전하는 선교사가 되자."라는 선교 목적을 분명히 하여 설립하였다. 교인들의 건강과 친교, 그리고 선교적 목적을 이루기 위해 축구공 하나로 팀을 이루고, 복음을 알지 못하는 FC(Football Club) 멤버들에게 그리스도의 사랑을 전하는 계기를 만들고자 하는 것이 축구선교회의 본질이다.

2) 준비하기

축구선교회는 선교의 한 과정이다. 따라서 축구선교회를 조직하기 앞서 이와 관련한 적절한 운영 방안을 정립하는 것이 필수적이다. 운영 방안은 다음과 같다.

첫째, 교회 안의 자원들을 활용해야 한다. 교회 안에는 축구를 좋아하거나 관심을 가지고 있는 사람들이 많다. 우선 그들을 이끌어 내는 작업이 필요하다. 정기적인 운동 모임은 생활의 활력소가 되고, 자연스럽게 서로의 유대 관계를 돈독히 할 수 있다. 이것은 새로운 에너지가 되어 교회 내의 다른 곳으로 전파되는 역사도 경험할 수 있게 할 것이다.

둘째, 지역사회와 함께해야 한다. 지역에는 조기회팀, 직장팀, 기관팀 등 다양한 축구팀들이 있다. 이들과 함께하되 특색 있는 선교 아이템을 개발할 수 있어야 한다. 즉 외국인노동자와의 경기, 난치병 돕기 경기, 군부대 방문 경기, 교도소 방문 경기 등을 통해 선교의 효과를 극대화하는 것이다. 사회에서 조금은 멀어져 있는 이들에게 펼치는 축구선교의 장은 더욱 놀라운 복음전파의 도구가 될 수 있을 것이다.

셋째, 같은 지역의 타 교회와 연대해야 한다. 이것은 교회에 대해 부정적인 인상을 가지고 있는 이들의 시각을 바꾸는 좋은 기회가 될 수 있다. 동일한 지역에 많은 교회가 있는 것 때문에 쉽게 마음을 열지 못하는 비신도들이 많은데, 타 교회와의 연대는 그런 면에서 믿음의 순수함을 발견할 수 있는 자리가 될 수 있다. 뿐만 아니라 교회들에게도 교회연합과 일치에 상당한 기여를 할 수 있을 것이다.

3) 조직하기

우리 교회의 축구선교회는 선교부 소속 5개 팀(전도활동팀, 국내전도팀, 특수선교팀, 특수지역선교팀, 새 가족팀) 가운데 특수선교팀에 소속하여 인적자원을 구성하는데, 선교부와도 깊은 연관을 가지고 있다. 축구선교회는 교회 내의 한 소그룹으로 두되 가급적이면 제직회의 선교부 내에 두는 것이 바람직하다. 선교부 내에 두는 이유는 조직의 목적이 단순한 교제가 아니라 선교이기 때문에 조직력과 성취 효과를 극대화하려는 것이다.

선교부 내에 조직된 축구선교회는 지도목사, 단장, 실무진, 총감독, 감독, 코치의 구성을 바탕으로 조직한다. 지도목사의 역할은 다음과 같다. 선교부를 담당하는 교역자 1인을 세워 축구선교회의 본질과 사명이 분명하도록 매 경기마다 말씀과 기도로 격려하고, 교역자가 함께 뛰며 선교의 본을 보이도록 한다. 단장으로 선교부 부장을 위촉하고, 교회 내 각 기관과의 유대 관계 및 원활한 재정적 지원을 위해 다수의 고문을 둔다. 실무진으로 매년 축구선교회 임원단(회장, 총무, 회계)을 자치적으로 선출하여 모든 업무를 위임한다. 축구선교회 내에서 경기적 측면의 효율성을 제고하고 전술적으로 운영하기 위하여 총감독, 감독, 코치를 선임하고, 축구선교회의 기능을 충실히 이행할 수 있도록 한다.

축구선교팀은 회원이 많은 경우에는 두 개 이상의 팀으로 조직하는 것이 좋다. 교적을 둔 성도들로 구성하는 것을 원칙으로 하되 축구를 통하여 교인이 될 가능성이 있는 일반인에게도 문을 개방하게 되면 선교회로서의 기능에 도움이 된다.

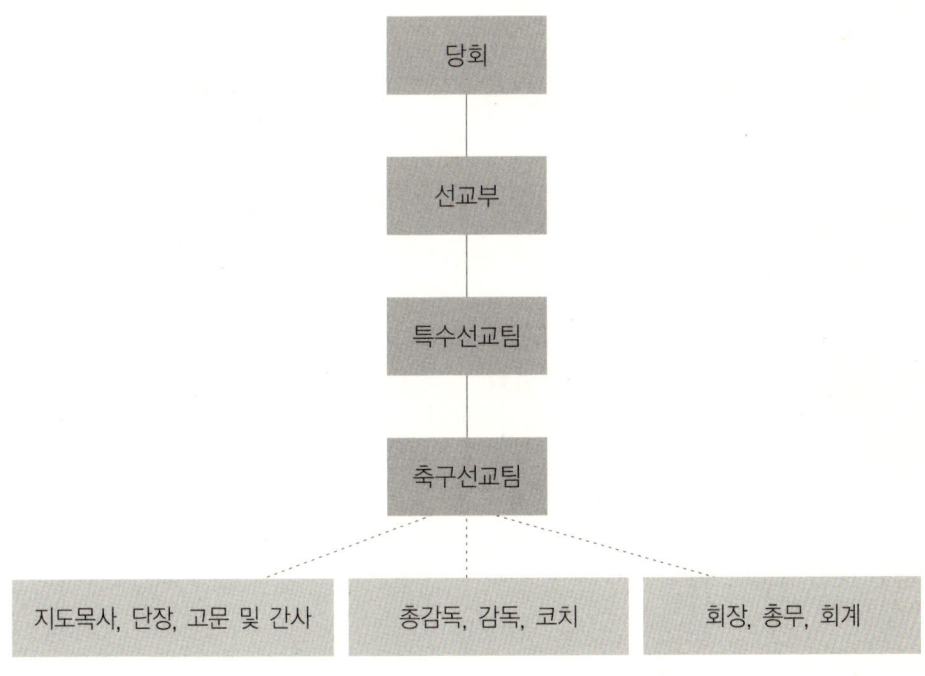

| 축구선교회 조직도 |

4) 팀 운영하기

　연동축구선교회는 정기모임과 특별모임을 가진다. 정기모임은 매주 치러지는 친선경기를 의미하는데, 1년에 한 번 정기총회로 모이는 것을 제외하고 매 주일 오후 혹은 예배에 지장을 주지 않는 시간에 모인다. 정기모임은 주로 타 교회의 축구선교회 또는 일반 FC와의 경기로 이루어지며, 이들과의 경기가 없을 때에는 자체 청백전으로 이루어진다. 경기장으로는 교회에서 가까운 학교 운동장을 선택하여 모이는 것이 가장 좋다. 교회와의 거리가 지나치게 멀면 교회의 소속 선교회로서의 기능이 떨어지게 되기 때문이다. 교회에서 가까운 학교의 운동장을 사용하되 사용 학교에 적절한 보상을 해야 한다. 모이면 함께 기도하고, 체력 훈련 및 연습 경기, 친선경기를 치른다. 경기를 마친 후에는 모든 회원 및 회원 가족들이 함께 식사에 참여하는 것으로 모임을 마무리하고 있다. 하절기에는 일몰 시간에 맞추어 오후 7시까지 경기를 하며, 동절기에는 오후 5시 30분까지 진행되는데, 일기와 기상 여건에 따라 안전한 경기를 치를 수 있도록 탄력적인 시간 운영을 하는 것이 좋다.

　특별모임으로 월 3~4회 정도 타 교회 또는 일반 FC와 축구 경기를 하게 되는데, 타 교회 축구선교회와 경기를 할 경우에는 그리스도 안에서 한 형제, 자매됨을 확인하며 교회 간 친교에 주력하고, 일반 FC와 경기를 할 때에는 복음을 전하고 교회 이미지를 높이는 데 주력한다. 최근에는 일반 FC가 많이 활성화되어 일반 사회 체육인들과의 경기가 많아지는 추세이다. 현재 종로 5, 6가 조기 축구회, 고양 FC, 성균관대, 중앙대 축구 동호회 회원들과 정기적으로 초청 및 원정 경기를 하고 있다.

5) 팀 훈련하기

축구선교회를 조직하고 운영함에 있어서 원칙이 필요하다. 주지하는 바와 같이 우리 사회 곳곳에는 일반 축구 동호회가 많아졌다. 특히 2002년 한·일 월드컵 이후, 우리 사회의 두드러진 현상 가운데 하나가 문화나 체육 분야에 있어서 관전만 하기보다는 다양한 방법으로 참여하는 것을 선호하는 사람들이 늘어났다는 것이다. 특히 축구를 좋아하는 남성들을 중심으로 다양한 FC들이 생겨났는데, 이는 과거 휴일이나 평일 아침에 초등학교 운동장에 모여 축구 시합을 하던 지역 중심의 조기 축구회와는 성격이 다르다. 인터넷 등의 매체를 통해 지역, 나이, 직업 등 모든 것을 초월하여, 오직 축구에 대한 관심 하나로 사이버 공간에서 생겨난 FC가 매우 많다. 이러한 일반적인 FC와 축구선교회 사이에는 분명 유사한 면도 없지 않지만, 본질적으로 경기의 승패와 상관없이 복음을 전하고자 하는 큰 차이점이 있다. 축구선교회의 본질과 목적에 부합하도록 선교회를 가장 적절하게 운영할 수 있는 훈련 방식을 설명하면 다음과 같다.

축구선교회를 조직하고 운영함에 있어서 가장 먼저 선행되어야 할 것은 선교회원들 각자가 말씀과 기도로 충만한 조직원이 되도록 교회에서 관심을 가지고 도와주는 것이다. 극히 일부이기는 하나 일반적으로 신앙이 성숙하지 못한 성도들의 경우, 축구와 관련된 모임에는 잘 참석하면서도 예배의 자리에는 빠지는 경우를 종종 보게 된다. 이러한 공동체는 그리스도의 사랑과 선교적 사명으로 충만한 모임으로 성장할 수 없다. 그러므로 매번 모일 때마다 지도목사의 말씀 선포와 기도를 통하여 조직의 목적과 방향을 분명하게 하고, 경기 때마다 성령님의 인도하심을 간구하며 기도하도록 해야 한다.

6) 재정 운영하기

축구선교회의 모임은 주로 교회 밖에서 이루어진다는 특성상 조직과 운영에 있어서 경기장 사용 임대료 등의 고정적인 비용이 발생하게 된다. 축구선교회의 활동을 유지하기 위하여 유니폼 제작, 각종 경기용품 구매 및 보수 등 일정한 운영비용이 필요하다. 또한 매 경기를 마친 후 회원 간의 식사 모임 등 친교 비용이 필요하다.

이러한 비용은 크게 세 가지 경로를 통해서 충당될 수 있다. 첫째는 축구선교회원의 회비(연간 12만 원)이다. 둘째는 교회 선교부의 예산 지원(2007년 기준, 연간 120만 원)이다. 셋째는 각 기관 및 고문들의 찬조금 등이 있다.

〈연동축구선교회의 주요 활동〉

● 2002년도
남선교회 회원들을 중심으로 창단하였다. 창단 첫 해에는 축구선교회의 내실을 다지고, 조직을 강화하는 데 주력하였으며, 태릉 물댄동산교회, 연건동 연지교회, 동대문 경찰서 FC 등과 경기를 가졌다.

● 2003년도
연동축구선교회를 창단한 지 1년을 맞이하여 많은 교우들이 참석한 가운데 감사 예배를 드렸다. 2003년에는 더욱 안정된 모습으로 동대문 경찰서 방범순찰대 대원들과 매월 둘째 주마다 정기적인 경기를 치르며 대외 선교의 첫발을 내딛었다.

● 2004년도

축구선교회 창단 2주년을 맞이하여, 그동안 운영한 결과를 토대로 내부 조직을 강화하는 해로 삼았다. 조직적으로는 축구선교회를 후원하는 고문 제도를 두기 시작하고, 선교회 조직을 회장과 감독의 이원화 체제로 변경하여 더욱 활발한 모임을 가졌다. 동대문 경찰서 방범순찰대 대원과의 정기모임 외에 동숭교회 축구선교팀, 종로 5, 6가 조기 축구팀 등 일반 FC와의 경기를 확대해 나갔다.

● 2005년도

축구선교회가 특수선교팀의 한 부분으로 완전히 정착된 것을 감사하는 해였다. 이에 축구선교회 회원들은 2005년 9월에는 축구선교회 창단 3주년을 기념하면서, 전 교우들에게 감사하는 마음으로 교회 앞마당에서 다과를 대접하고, 축구선교회를 소개하는 축하 행사를 가졌다. 2005년에는 타 교회 축구선교팀과의 교류가 많았는데, 동숭교회, 연신내 남북성결제일교회, 청량리순복음교회 등 교단과 교파를 초월하여 친선경기를 가졌다.

● 2006년도

활발한 대외 활동을 전개한 결과 용인까지 활동 영역을 넓혀 용인 선더스 FC, 동신교회, 중화동제일교회, 동숭교회, 성균관대 FC, 응암교회, 동대문 상인연합회 FC 등과 친선경기를 확대해 갔다.

● 2006년 이후

2007년에는 친선경기뿐만 아니라 대외적인 경기(CBS 크리스천 축구대회)에도 참가하였다. 많은 교우들이 동참하였고, 한마음으로 응원전을 펼칠 수 있었던 귀한 경험을 얻게 되었다. 현재에도 계속해서 동신교회 대학부 FC, 동숭교회, 응암교회, 고양 FC, 신광교회, 성균관대 FC 등과 친선경기를 지속하고 있다.

2. 축구선교회를 통한 효과

1) 성도들의 변화

축구선교회를 통하여 다음과 같은 효과를 얻을 수 있다.

첫째, 교회 내에는 다양한 연령층이 존재하는데 축구선교회를 통하여 세대 간 통합 효과를 얻을 수 있다. 둘째, 일반 FC와의 지속적인 친선경기를 통하여 실제적인 전도의 열매를 얻을 수 있다. 일반 FC와 지속적인 친선경기를 하는 과정에서 교회에 대한 부정적 이미지를 가지고 있었던 많은 장년들의 생각을 바꿀 수 있었으며, 이로 인해 새로 교회에 등록하거나 출석하는 회원이 20%에 이르게 되었다. 셋째, 교회 안에서 소속감을 갖지 못했던 많은 성도들이 축구선교회를 통하여 작은 공동체를 이루게 되며, 그 결과 교회의 일꾼들을 배출할 수 있다.

2) 교회의 성장

현재 축구선교회 회원은 약 30여 명에 이르는데, 연령층은 주로 20대 중반에서 40대에 이른다. 이 가운데에는 남선교회에 소속된 회원도 있지만, 교회 활동에 참여하지 않았던 교우도 10%에 이른다. 현재 축구선교회를 통해 교회에 등록하게 된 회원이 10%, 아직 교인으로 등록은 하지 않았지만 축구선교회를 계기로 정기적으로 교회에 출석하고 있는 회원도 10%에 이른다.

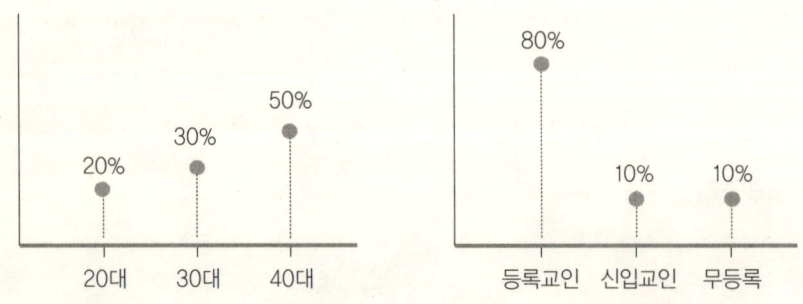

| 축구선교회 회원구성비 |

3) 목회자가 말하는 축구선교회

축구선교회를 운영하면서 나타나는 다양한 요소들을 고려한다면 이를 운영하는 데 있어서 많은 도움이 될 것이다.

(1) 긍정적인 요소 파악하기

첫째, 축구는 교회 밖의 불신자들과 자연스럽게 접촉할 수 있는 좋은 매개체이다. 많은 교회가 수많은 전도지들을 뿌리며, 다양한 행사를 열어 보지만 불신자들, 타 종교인들과 접촉하기란 그리 쉽지 않다. 이러한 때에 축구는 아무런 격의 없이 만나서 운동하며 자연스럽게 복음을 전할 수 있는 장점을 가지고 있다. 둘째, 축구는 교회에 다니지 않는 남편들을 교회 안으로 이끌어 낼 수 있는 매개체이다. 축구는 교회에 다니지 않는 남편들을 교회 안으로 이끌어 균형 잡힌 교회, 균형 잡힌 가정을 이루는 데 큰 도움을 준다. 셋째, 세상 문화에 휩쓸리기 쉬운 청소년들을 축구를 통해 교회 문화 안에 거하게 만들 수 있다. 축구선교는 이 시대에 교회를 젊고 균형 있게 만들며, 지역사회와 함께 가는 공동체를 이루고, 영적인 문화를 형성하는 데 필요한 선교의 도구이다.

(2) 부정적인 요소 파악하기

첫째, 지나친 승리지상주의이다. 승리지상주의는 축구선교회를 운영하는 데 있어 철저히 경계해야 하는 부분이다. 실제로 경기에 지나치게 몰입하다 보면 과격해지고 다툼이 일어나는 경우가 있다. 선교 대상자들과의 과격한 몸싸움과 고성으로 감정이 상하기도 한다. 깊은 영성훈련이 뒤따르지 않으면 선교하기 위해 만든 축구선교회가 오히려 선교의 방해가 될 수 있다. 그러므로 지속적인 영성훈련을 통하여 단순히 축구만 하는 팀으로서가 아니라 지역선교를 이끌고 갈 수 있는 선교의 역군들로 길러 내는 일에 초점을 두어야 한다. 운동장에서의 기도와 찬양을 통하여 회원들에게 영적인 위치를 각인시켜 주며, 상대팀들에게 간접적인 전도의 메시지를 전달해야 할 것이다. 정기적으로 모여서 성경을 공부하며, 발전적인 의견을 수렴하는 것도 바람직한 방법이다.

둘째, 축구선교에 대한 이해의 부족이다. 예를 들면 승패를 겨루는 대회가 사순절 기간에도 시행되는 것을 볼 수 있다. 사순절 기간의 축구대회는 지양되어야 할 것이다. 혹 사순절을 앞두고 일정이 잡혀 있는 경우에는 다른 모양으로 선교의 시간을 보낼 수 있다. 예를 들면 순위를 결정하는 대회보다는 소외된 사람들을 찾아가며, 그들과 함께하는 선교축구대회를 개최하는 것이다. 이는 기존 크리스천들에게 사순절의 의미를 더욱 깊이 새길 수 있는 기회가 되고, 믿지 않는 선교의 대상자들에게도 특별한 영접의 시간이 될 수 있을 것이다.

셋째, 축구선교 지도자들이 축구선교의 목표를 잘못 이해하는 것이다. 축구선교의 목표는 반드시 선교가 되어야 한다. 선교는 주님의 십자가로, 운동장에서도 주님의 십자가가 현현되어야 한다. 십자가는 무엇인가? 섬김이며, 겸손이다. 희생이며, 헌신이다. 순종이며, 구원의 문이요, 목숨까지 내어 주신 주님의 열정이다. 이것이 축구선교에 그대로 실현되어야 한다. 경기 중 상대방에 대한 섬김을 실천해야 하며, 상대방을 존중해야 한다. 자기 팀 선수들에 대한 배려와 희생을 배워야 한다. 심판의 판정에 순종해야 한다. 우리도 축구를 통한 복음전파를 향해 열정을 다해야 하는 것이다. 구원의 말씀을 다른 사람들과 나누기 위해 많은 불신자들을 주님께로 인도하기 위한 열정에 타올라야 할 것이다.

축구선교회는 분명 교회 내에 작은 모임이며, 전도를 위한 도구이다. 하지만 이 작은 모임에 더 많은 성도들의 참여가 이루어지고, 보다 효과적인 전도가 되기 위해서는 축구선교회를 담당하고 있는 목회자뿐만 아니라 교회 내의 중직을 맡은 많은 이들이 함께 참여하고, 관심을 가질 수 있는 계기가 필요하다. 그래서 우리 교회에서는 2009년도, 교회 선교부 주관으로 10개 교회가 연합하여 참여할 수 있는 축구대회를 준비하고 있다. 이 대회를 통하여 각 교회와 연합하여 축구선교회를 알리고, 교회의 문턱을 낮추는 역할을 감당하게 될 것이다.

교회 현장의 목소리

저는 교인은 아니었지만, 운동장에서 만난 연동교회 축구선교회 회원들과의 만남을 통해 함께 운동을 하면서 자연스럽게 교회를 알게 되었습니다. 회원들의 섬김과 기쁨이 가득한 모습을 보며 예수님의 사랑을 깨닫게 되어, 교회에 등록하고, 함께 믿음생활 하게 되었습니다.

- 이제희 성도

어린 시절 교회를 열심히 다녔지만 결혼 이후, 주일성수하기가 무척 어려웠습니다. 주일에 열리는 조기 축구회 활동 때문이었습니다. 그러던 어느 날 우연히 연동교회 홈페이지에 접속하게 되었는데, 연동교회에 축구선교회가 있다는 사실을 알게 되었습니다. 순간 너무나 흥분되고, 함께 축구하며 신앙생활을 할 수 있다는 것이 무척 매력적으로 느껴져 온 가족이 연동교회에 등록하고, 다시 신앙생활을 하게 되었습니다.

- 김진용 성도

저는 원래 주일에 오전예배만 드리고 곧바로 집으로 돌아가는 전형적인 선데이 크리스천이었습니다. 이전에는 교회에서 낯선 교인들과 사귀는 것이 쉽지 않았습니다. 그러나 축구선교회에 가입하고, 함께 주일 오후마다 운동을 같이 하다 보니 마음 문이 열리게 되었고, 얼마 후에는 남선교회에 자발적으로 등록하였으며, 지금까지 열심히 신앙생활을 하게 되었습니다.

- 박재현 성도

우리 교회에서는 축구와 선교에 비전을 가진 교인들이 자발적으로 모임을 갖기 시작하면서 '연동축구선교회'에 대한 꿈을 가지게 되었다. 그리고 이러한 꿈은 지난 2002년 연동교회 선교부 산하 특수선교팀 내에 '연동축구선교회'를 창단하는 결과를 가져왔다. 처음에는 불과 몇 사람으로 선교회가 시작되었지만, 해를 거듭할수록 많은 교우들이 참여하게 되었고, 조직도 더욱 안정화되어, 이제는 교회 내 재직뿐 아니라 신입 교우 및 예비 신자까지 팀원으로 보유하는 성과를 거두게 되었다. 또한 일반 축구클럽(FC)이나 동호회 회원들과 축구 경기를 거듭하게 됨에 따라 연동교회를 알리는 효과가 있게 되었을 뿐만 아니라, 이를 계기로 그리스도를 영접하는 회원들이 하나 둘씩 생겨나게 되었다.

축구선교는 선교단원들에게 신앙심 함양, 선교의식 고취, 친교와 봉사를 통한 교제뿐만 아니라 일상생활의 규모를 이루고, 교회 안과 밖에서 건강한 삶을 이루게 한다. 특히 좋은 프로그램의 개발을 통하여 참여 의식을 높이고, 지역사회와 유대 관계를 맺어 간다면 선교 효과는 극대화될 것이다. 이제 교회는 능동적으로 움직여야 한다. 새로운 선교 마인드를 가지고 지역사회에 접근하여야 하며, 기존에 존재

하던 선교의 방법과 더불어 지역의 많은 이들을 교회로 불러들일 수 있는 축구선교에 귀를 기울여야 할 것이다.

　우리 사회는 앞으로 점점 더 다양하고 복잡한 문화 공동체가 생겨날 것이다. 교회는 우리 사회의 변화에 대하여 예의 주시하고, 이들을 예배공동체로 끌어들일 수 있는 효과적이고도 효율적인 다양한 선교방법을 개발해야 할 것이다. 이러한 맥락에서 볼 때 축구선교회는 어느 교회에서나 어렵지 않게 세워질 수 있는 건강한 교회 내의 공동체라고 여겨진다. 모든 교회마다 건강한 교인들이 많이 생겨나고, 이들이 주님께 쓰임 받는 역사가 일어나기를 바란다.

2. 문화선교와 지역 섬김을 통한 전도

영문교회

> 문화선교는 크기와 예산에 의해 좌우되는 것이 아님을 우리 교회는 보여 주고 있다. 이 모든 것은 선교의 열정과 헌신, 그리고 꿈이 이루어 낸 결실이다.

지역 섬김과 문화전도, 개인전도를 통해 이루어지는 이 프로그램은 교회의 좋은 이미지를 형성하고, 전도의 에너지를 구축하는 데 좋다. 교회 규모에 관계없이 적용 가능한 프로그램으로, 목회와의 연계성에서 높은 효율성을 갖는다.

교회의 좋은 이미지 형성 / 전도의 에너지	* 지역 섬김 * 문화전도 * 개인전도

	낮음　　　　　　　　　높음
규모면의 효율성	██████████
비용면의 효율성	███████░░░
기간면의 효율성	███████░░░
연계성면의 효율성	██████████

한국기독교는 120여 년의 긴 역사를 지니고 있는 만큼 많은 선교전략이 있다. 처음 계몽형 전략에서 생계, 치유 등을 중심으로 한 전략까지 다양했다. 지금은 문화 접근적 선교, 즉 '문화전도'에 많은 관심을 모으고 있다. 미국의 부흥하는 어느 교회는 교회의 부흥·전도전략을 크게 두 가지로 요약했다. 하나는 지역 섬김이요, 하나는 적극적인 전도전략이다. 대부분 부흥하는 교회들의 전략도 이와 크게 다르지 않을 것이다.

영문교회의 전도전략은 찾아가는 전도, 섬기는 전도, 그리고 찾아오게 하는 전도이다. 문화선교를 통한 전도, 지역사회 섬김을 통한 전도, 직접적인 전도 활동이 그것이다. 영문교회는 철공소들이 즐비해 있는 공단 한쪽에 위치해 있어서 교회가 사람들의 눈에 띄기가 어렵다. 그래서 적극적으로 교회를 알리는 작업을 하지 않을 수가 없었다. 교회를 알리는 방법은 여러 가지가 있다. 행사를 통해서 교회를 알릴 수 있고, 부흥회를 통해서 교회를 알릴 수 있다. 혹은 성경공부를 통해서도 교회를 알릴 수 있다. 그러나 영문교회는 지역의 어르신들과 어려움을 겪고 있는 분들을 지속적으로 섬기는 것이 옳은 것이라 판단하고, 지역 어르신들을 섬기기로 작정하였다. 섬김을 통해 교인들은 보람을 느끼고, 그 활력이 나아가 전도의 에너지로 쓰이게 된다. 그렇게 적극적으로 교회를 알리는 작업을 하면서 지역 주민들의 머릿속에 교회가 무엇을 하는 곳인지 서서히 각인시키게 되었다. 예를 들어 바자회를 하게 되면 구청장을 비롯한 공공기관에서도 관심을 가지게 되었고, 동네 주민들도 교회가 좋은 일을 많이 한다며 교회를 자랑하고 다닌다. 교인들도 자부심을 가지고 더욱 열심히 지역의 어려운 분들을 섬기고 있다. 이렇게 영문교회는 열악한 환경에도 불구하고 주민들의 입소문이 성장의 원동력으로 작용하고 있다.

이렇게 영문교회가 주민의 사랑을 받게 된 것은 지역을 향한 섬김 사역이 있었기 때문이다. 침체 위기 속의 교회가 사랑 받을 수 있도록 변화하는 모습을 영문교회의 사례를 통해 배워 보고자 한다.

1. 문화선교를 통한 전도 소개

1) YM 생명학교

(1) YM 생명학교 세우기

우리는 2002년 6월 대한민국이 하나의 공 아래 웃고, 울었던 시간을 기억한다. YM 생명학교는 한자리에 모여 대한민국을 외치며 응원하기 위해 모인 그때부터 시작되었다. 교회 성도들과 함께하니 좋고, 행복했다. 그래서 토요일, 그리고 주일 예배 후 한자리에 모여서 아이들과 함께 영화를 보기 시작했다. 포스터를 만들어 알리고, 학교 앞에서 전도하고 같이 모였다. 그렇게 빔프로젝터 한 대와 컴퓨터 한 대로 시작된 작은 모임은 한 해가 지나면서 아이들에게 그저 영화 한 편 보여 주는 수동적인 모임보다 아이들이 능동적으로 참여하는 프로그램으로 발전하기를 바라는 소망과 보다 구체적인 비전을 갖기 원하는 교회 안의 요청이 합쳐져 '토요비전스쿨'로 재탄생했다. 우리 교회에서 달란트가 있는 교사들이 필두가 되어 입학금 1만 원으로 시작된 비전스쿨은 학과당 무료로 수업하거나 재료비로 1만 원 정도만 받아 수업을 진행했다. 때문에 그 인기는 급속히 올라갔다.

토요일 학교 수업을 마칠 때쯤 학교 앞으로 차량이 도착해 수업을 들을 친구들과 학교 앞 전도를 나간 선생님들을 데리고 왔다. 도착하자마자 간식으로 떡볶이를 먹은 후 수업을 듣고 가는 시스템으로 엄마들에게도 아동부 친구들에게도 인기가 높았다. 하지만 이 비전스쿨이 한계에 부딪쳤다. 교회의 내부 강사들의 헌신으로 진행되었는데, 시간이 지나면서 내부 강사들의 지속적 헌신을 요구할 수 없는 상황이 되었고, 전문적인 수업이 이루어지지 못하는 문제점이 발생한 것이다. 그리하여 팀 사역의 하나로 교역자 없이 진행되었던 비전스쿨은 담당교역자를 세우고, 보다 전문적인 교사들을 찾기 위해 외부 강사를 선택하였다.

그러나 문제는 여기서 끝나지 않았다. 토요비전스쿨을 키우다 보니 토요일에 본당 외의 장소에서는 다른 팀의 모임이나 행사를 할 수 없었다. 그로 인하여 토요비전스쿨의 사역을 교회학교 부서별로 나누어 보다 효율적인 사역을 추진했다. 그리하여 간식을 해 주던 주방팀을 제외하고, 2007년 하반기부터 2008년 상반기까지는 유치부, 유년부, 초등부, 중·고등부로 분리하여 사역을 진행했다. 그러나 일 년을 넘기지 못하고 토요비전스쿨의 통합 사역에 대한 필요성과 전도의 효율성을 되새기고 다시 시작하게 되었다. 시작과 동시에 토요일로 한정된 전도 프로그램이 아닌 1년 365일 진행될 수 있고, 유아 및 아동에서 성인까지 모두 참여할 수 있도록 토요비전스쿨의 명칭을 변경하였다. 영문(Youngmoon)의 약자 'YM'에 "교회가 생명을 살리고, 참여한 모두가 하나님께서 주신 생명을 사랑하고 키우는 마음을 갖는다."의 뜻을 가진 '생명'이라 하여 2008년 'YM 생명학교'로 명칭이 변경되었다.

(2) 조직하기

팀별로 사역 분배가 확실하다. 특히 안내팀의 경우 매주 수업 안내와 준비물 혹은 여러 가지 소식들을 부서별로 문자 혹은 전화로 안내하여 유아·아동 어머니들을 관리하고 있다. 이처럼 각자의 사역에서 충실히 헌신하며 한 학기가 진행된다. 특히 유치부는 교회가 차량운행을 하여 부모가 신경 쓰지 않아도 아이들이 안전하게 오갈 수 있고, 수업 진행 시 여러 수업에 잘 적응하고 참여할 수 있도록 돕는다. 많은 자원봉사자와 교사가 각각의 나이별로 진행되는 수업에 바로 들어갈 수 있도록 이름표에 수업 및 장소가 표시되어 있으며, 누구든 안심하고 유아를 맞길 수 있도록 부모 안심 프로그램이 운영되고 있다.

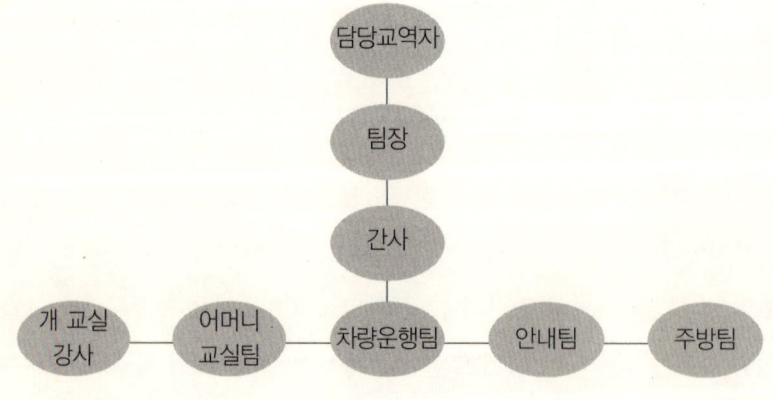

| YM 생명학교 조직도 |

(3) 강사 초빙하기

보다 전문성이 강한 외부 강사를 초빙하고, 내부 강사와의 비율을 맞춰 수업의 전문성을 높이기 위해 노력하고 있다.

(4) 세부 계획 세우기
· 일정 : 봄(3월 초), 가을 학기(9월 초) 각각 4개월
　　　　유치부 10시부터 4교시, 아동부 오후 1시부터 4~5교시
· 프로그램
- 유치부 : 영어미술, 유리드믹스, 바둑, 종이접기, 유아체육, 구연동화, 장구, 꼬마과학자, 델타샌드, 클레이아트
- 아동부 : 클라리넷, 플루트, 바이올린, 성악, 드럼&기타, 주산&암산, 영어농구교실, 아동영어미술, POP 강좌, 풍선 아트, 클레이아트, 장구, 종이접기, 데생

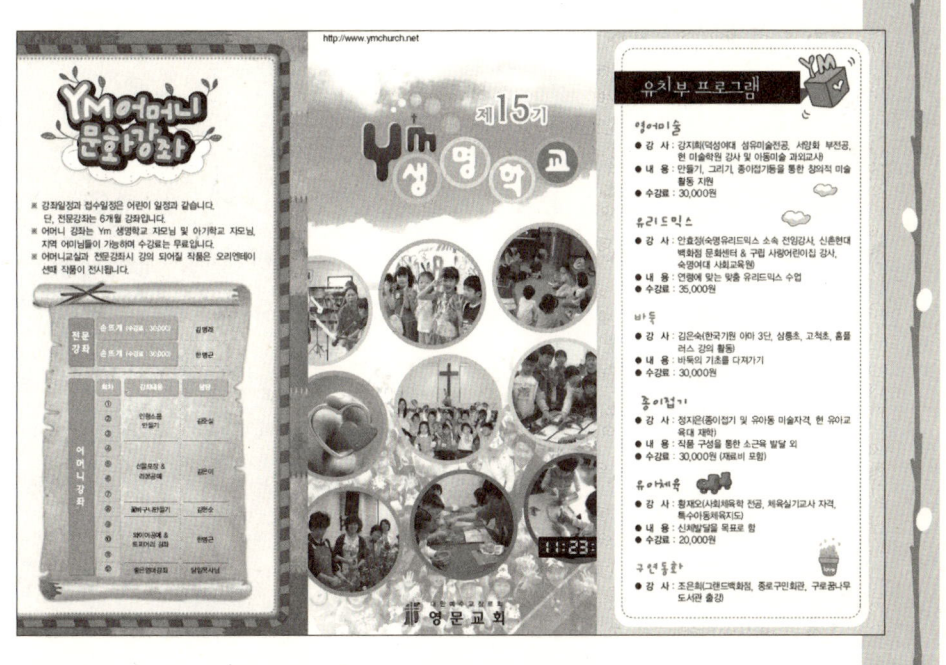

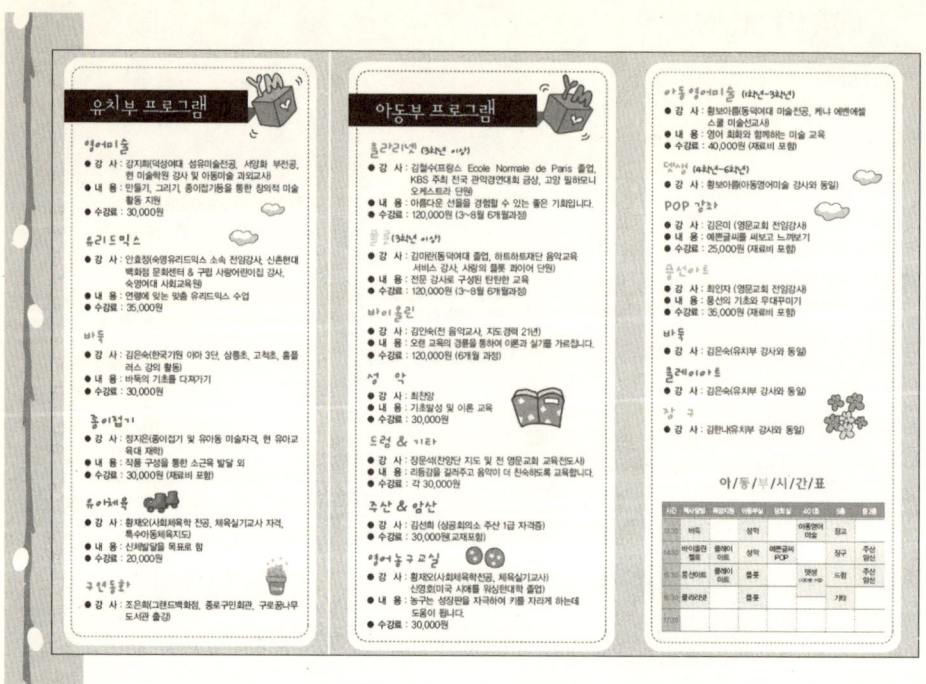

- 어머니 교실 : 인형 소품 만들기, 선물 포장&리본 공예, 꽃바구니 만들기, 와이어 공예&토피어리 강좌, 종이접기, 북아트, 펠트 공예, 좋은 엄마 강좌
· 참여 인원 : 2009년 15기 기준, 약 210명(유치부 85명, 아동부 80명, 어머니 교실 45명)
· 수강료 : 입학금 – 무료, 한 학기 – 2~3만 원/음악(악기) – 12만 원(6개월)
  처음 시작할 때와 비교를 하면 수업료가 많이 올랐지만, 지역 내 문화센터와 비교하여 보다 저렴하게 수업료를 책정하여 많은 아동들이 쉽게 접근하여 참여할 수 있도록 배려한다.
· 모집 형식 : 전화 접수 혹은 인터넷 접수(학기 시작 2주 전, 하루 2시간 동안)
  본 교인 우선 접수가 아닌 지역주민 누구나 특혜 없이 선착순으로 전화를 걸어 원하는 강좌를 먼저 접수한다. 따라서 본 교회 교인보다 외부 지역주민의 비율이 매우 높은 편이다.

YM 생명학교 접수는 이렇게

1. 전화접수 : 02-000-0000
2. 인터넷 접수 : 영문교회 홈페이지 자유게시판을 이용해 주세요. 4가지를 꼭 기록해 주세요.
   1) 아동명(학교, 학년)
   2) 강좌명과 강좌 시간
   3) 전화번호 및 주소(휴대폰 및 집 전화)
   4) 생년월일(유치부일 경우에는 반드시 기재)

   예:
   1) 아동명 : 홍길동(문래초교, 5학년)
   2) 강좌명과 강좌 시간 : 플루트, 클라리넷1
   3) 전화번호 및 주소 : 010-0000-0000, 집 전화 00-0000-0000
                     문래동 00아파트 0동-00호
   4) 생년월일 : 00. 00. 00.
   ※ 여기까지 올려 주시면 담당자들이 전화 드립니다.

   5) 담당자 접수 확인 통화 후 입금하시면 됩니다.

이 자유게시판은 비회원인 경우 글쓰기가 불가능하오나, 전화 접수 시간인 2월 23일 10시~12까지 열어 두겠습니다. 좋은 하루 되십시오.

(5) 재정 운영하기

　내·외부 강사료, 교육자료 준비, 간식비 등을 고려할 때 YM 생명학교는 많은 예산을 필요로 한다. 내·외부 강사들의 강사료와 타 문화센터에 뒤지지 않는 프로그램을 위한 교육자료 준비와 매주 260여 명의 아동과 자모들, 자원봉사자의 간식, 그리고 어머니 교실의 무료 재료 공급은 매학기 3,500만 원 정도 필요로 하나 약 2,000만 원 정도 사용하고 있다. 그리고 약 5분의 1정도 교회에서 지원하고 있다. 이처럼 전체 예산에서 약 2분의 1정도로 예산을 줄여서 사용할 수 있는 것은 다른 팀과 연계하여 교육재료를 함께 사용하기 때문이다. 새로 구입할 경우에도 연계하여 재료비가 이중으로 부과되는 것을 막는 것이 중요하다. 또한 내부 강사를 키우는 것이 중요하다. 전문성을 너무 강조해 외부 강사 비율이 높아지면 그 강사료를 감당하기 힘이 든다.

(6) YM 생명학교 알아 두기

유치부·유년부는 이렇게

YM 생명학교는 아동들의 개학 시기(3월, 9월 초)에 맞춰 개강한다. 먼저 오리엔테이션을 하며 유치·아동 어머니들이 모두 모여 간식을 나눈 후 개강예배를 드린다. 그 이후에 강사 소개가 있다. 유치부는 이름표와 차량운행표를 받고, 주의사항을 들은 후 한 학기 수업을 시작한다. 수업은 제시된 시간표에 의해 진행된다.

한 학기의 마무리는 폐강예배로 진행되는데, 그 예배는 주일 찬양예배에 발표회로 진행된다. 폐강 2주 전부터 미술 부분(개인 작품 전시)과 음악 부분 발표를 준비한다. 유아·아동들이 주일에 부모님을 초청하여 발표회 겸 폐강예배를 연결하여 마무리한다. 이러한 노력은 비신앙인의 부모들에게 교회에서 자라나는 유아·아동들이 얼마나 자랑스럽게 자랐는지 보여 줌으로 교회의 교회다움을 알리고, 다

음 학기 프로그램과 강사진을 안내하여 준비하게 하는 역할을 한다.

어머니 교실은 이렇게

우리 교회에서는 어린이들의 수업이 진행되는 동안 어머니 교실을 운영하여 비신앙 자모들이 무기력하게 유아들을 기다리게 하지 않고, 학습을 통하여 자기개발 혹은 취미생활을 할 수 있는 프로그램을 만들어 무료로 운영하고 있다.

어머니 교실은 한 수업 진행 시 1인당 약 5천 원 상당의 재료를 가지고, 전문 강사(현 문화센터 강사)가 수업을 진행하고 있다. 어디서도 이런 강좌를 무료나 저렴한 수업료로 들을 수 없기에 그 인기를 감당하기 힘들어 정원 이상의 인원을 받고 있는 상태이다.

또한 이 강좌를 운영하는 목적은 선교 목적도 있다. 따라서 그 분위기는 자원봉사를 하는 교인들의 수업 운영에 따라 많이 좌우된다. 강의를 진행하는 강사 혼자서는 35명의 많은 자모들에게 110분 동안 수업을 진행하는 것 외에 다른 것들은 챙길 수가 없다. 이때 자원봉사자들은 수업을 같이 듣고, 준비물을 챙기고, 나눌 수 있는 다과(커피, 녹차, 빵, 과자, 과일 등을 다양하게 준비)를 나눈다. 그 분위기가 교회와 참여하는 어머니들 모두 '나눔'이라는 작은 사랑을 실천할 수 있도록 하는 수업시간으로 만들었다. 특히 이 시간은 자녀 교육비에는 투자하지만 사교육비 부담에 정작 본인(어머니)들의 자기 개발에 투자하지 못하고, 문화적 외톨이가 되어가는 어머니들에게 꿈 같은 시간들이다.

현재 무료로 진행되는 어머니 교실도 앞으로는 약간의 재료비를 부담하는 것으로 변화를 가질 예정이다. 매회 드는 5천 원 정도의 비용 중 천 원을 부담하게 하는 것이다. 이는 인원 파악을 하기 위해서인데, 참여하는 어머니들도 이를 긍정적으로 받아들이고 있다. 무조건 무료로 하여 단기적으로 끝나기보다 본인들이 약간의 비용을 부담하는 한이 있더라도 어머니 교실이 장기적으로 진행되기를 바라고 있다.

(7) YM 생명학교 보완하기

무슨 사역이든지 처음이 쉽지 않고, 시작을 위한 준비 또한 많은 노력이 필요하다. 우리 교회는 먼저 토요일이라는 한정된 시간과 한정된 연령을 대상으로 하는 것이 아니라 유아부터 노년에 이르기까지 월요일부터 토요일, 그리고 주일까지 매일 살아 숨쉬고 생명이 넘치는 YM 생명학교가 되기 위해 오늘도 기도하고 연구하고 있다. 또한 청소년 방과 후 수업을 준비에 있다. 교회에 청소년이 줄어들고 있다. 청소년들은 교회의 미래이다. 학원과 유흥가가 아닌 교회가 그들의 놀이터요, 학습장이요, 영적 깨움터와 삶의 자리가 되기를 기도하며 준비할 것이다.

YM 생명학교가 이렇게 정착되기까지는 많은 시행착오가 있었다. 또한 위에서 언급한 상황들이 개교회의 상황에 따라 문제가 될 수 있고, 문제가 되지 않을 수도 있다. 그러나 분명한 것은 앞으로는 더 많은 과제가 있을 것이라는 점이다. 따라서 우리는 여러 교회가 문화를 통하여 이 땅에 접근하는 일에 더욱 힘을 모아야 할 것이다.

2) 영문아기학교

요즘은 많은 교회에서 아기학교를 진행한다. 충신아기학교에 기초를 둔 영문아기학교는 16기를 수료시키고, 17기를 준비하는 중에 있다. 영문아기학교는 지난 9년 동안 여러 차례 담당 사역자가 바뀌면서 영문아기학교만의 프로그램으로 변모하였다. 아기학교는 단순한 학습 프로그램에서 끝나지 않고, 교회와 믿지 않는 가정과의 다리가 되는 긍정적 효과를 얻을 수 있다.

(1) 운영하기

본 아기학교는 정원 34명으로 등록 순서는 본 교회 교인, 재등록자, 신입생 순으로 선착순 접수를 받았다. 그러나 너무 많은 유아들이 기다리는 것을 보고 교인을 제외한 다른 유아들을 추첨제로 바꾸자는 의견이 주를 이루고 있다. 그래서 여름특강(주 1회 5주간 프로그램) 때에 추첨을 했다. 그러나 이도 본 교회 교인이 아닌 경우 수업에 참여하기 어려웠다. 이번 학기(16기)에는 20~30% 정도가 등록교인이 되었다. 전도된 아기학교 어머니들은 각 목장에서 양육을 받고, 다시 각각의 팀으로 들어가 사역을 한다.

본 아기학교는 여러 팀의 도움으로 이루어진다. 과거에는 아기학교만을 위한 홍보물을 만들었으나 요즈음에는 만들지 않고 있다. 인터넷 홍보는 아기학교를 참여하는 어머니들의 몫이 되었고, 지면 홍보는 교회 소식지의 한쪽 면을 이용하고 있다. 또한 전도팀이 직접 만남을 통하여 전도하며 아기학교를 홍보한다.

아기학교에 참여하는 가정의 종교를 보면 3분의 1이 기독교 혹은 천주교, 그 외 3분의 2가 종교가 없거나 불교 신자이다. 이중 한 학기당 아기학교의 학생 중 평균 10%가 우리 교회 등록교인이 된다.

(2) 알아 두기

　모든 교회가 아기학교를 쉽게 정착시킬 수는 없다. 우리 교회도 아기학교가 정착되는 동안 교회에 많은 어려움이 있었다. 그 어려움들을 알고 준비한다면 아기학교를 정착시키는 데 많은 도움이 될 것으로 생각하고 나눈다.

　첫째, 아기학교에 헌신할 교사들에게 아기학교의 필요성을 먼저 인식시켜야 한다. 많은 교인들이 아기학교 교사로 헌신하는 것을 부담스러워 한다. 비전공자라는 이유가 첫 번째였고, 한 학기 동안 아기학교를 위해 내야 할 시간이 문제였다. 1회 2시간(한 학기 10주에 주 2회〈화, 목〉)이 결코 짧은 시간은 아니기 때문이다. 어르신 잔치나 다른 전도 프로그램은 헌신하는 성도들이 정기적으로 시간을 내지 않아도 되기 때문에 누구나 서로 시간을 조절하여 참여할 수 있지만 아기학교는 그렇지 않다. 참여하는 교사들은 3개월 동안 20회의 시간을 개인보다 먼저 아기학교에 배려해야 한다. 또한 한 번의 수업을 준비하기 위해서는 많은 모임이 필요하고, 정리하는 시간까지 평균 5~6시간을 소비해야 한다. 그렇기에 교사들에게 많은 부담으로 다가오는 것이다.

　그렇지만 이제는 팀 사역에 있어서 서로 아기학교 사역의 교사를 추천하고, 먼저 헌신을 약속한다. 서로가 솔선수범하는 모습으로 "전도하러 잘 나가지 못하는데 아기학교 엄마들을 전도하고 싶어요."라고 말하며 방긋 웃는다. 이런 선생님들의 모습을 보면서 감사할 뿐이다.

　두 번째로는 교육적 환경의 어려움이 있었다. 우리 교회는 위치적으로 어린아이들이 교육을 받기에는 많은 어려움이 있다. 특히 어린 유아를 동반하고 엄마가 교회까지 오는 길은 차편도, 주차 형편도, 학습공간에 연계된 학습장소도 보통의 엄마들이 선호하는 환경이 아니었다. 그저 30여 명의 유아와 엄마가 함께 모일 수 있는 공간을 내어 주는 정도여서 바로 얼마 전까지 공간적으로 교육에 맞지 않다는 소리를 들어야만 했다. 설상가상으로 우리 교회는 문래동 지역에 자리 잡고 있는 대형마트에서 실시하는 문화센터 아기학교와 유아 등록, 학습 진행과 같은 문제로 경쟁하는 상태에 이른 적도 있었다.

　아기 화장실, 반별 모임 장소, 유아 안전시설 모두 미흡하여 비교 대상이 되었다. 이 때문에 유아모집에서도 많은 어려움이 있었다. 특히 교회가 철공소 주변에 있고, 외진 곳에 위치했다는 단점을 보완하기 위하여 차량운행을 실시하였고, 보다 안전하고 편안하게 수업할 수 있는 서비스를 실천하게 되었다.

마지막으로 예산 문제가 있다. 아기학교는 선교를 우선으로 하고, 수익성을 따지지 않는다. 또한 환경적 문제가 있고 비전문적 교사가 진행하기 때문에 많은 수업료를 학부모들에게 요구하지 않는다. 보통 아기학교의 수업료는 주 1회 10~12주 과정을 진행하는 경우에는 보통 10만 원 이하의 7~8만 원을 받고, 주 2회의 10~12주 과정을 진행하는 경우 적게는 15만 원에서 많게는 34만 원까지 다양하다. 수업료가 보여 주듯이 많은 교회가 지원이 없을 경우에는 아기학교의 운영이 힘들어지는 경우가 많다. 물론 아기학교의 수업료만으로 운영되어지는 교회도 있지만 그렇게 되기까지는 많은 단계의 요건이 충족되어야만 한다. 보통 일 년에 적게는 400만 원에서 많게는 2,000만 원까지 지원을 받는다고 한다. 이러한 금액적 차이는 교회 형편과 초기 교육자료의 유무에서 많은 차이를 보인다. 본 교회는 이러한 차이를 다른 문화선교의 하나인 YM 생명학교를 통하여 많은 예산을 충당하여 극복하였다.

이외에도 교회 성도들의 적극적 협력이 있었다. 음식과 차량으로 봉사해 주는 분, 가진 달란트로 봉사하는 분들이 있다. 이동특별수업 시에는 개인농장을 학습장으로 참여할 수 있게 해 주셨다. 그리고 아기사진 전문점을 운영하는 집사님의 참여로 수료 사진을 찍어 예쁜 액자에 넣어 기념으로 선물하는 정성까지 모두가 한결같은 도움으로 운영된다.

헌신하고자 하는 사역자가 있고, 하나님이 계신다면 환경은 문제가 되지 않으며, 어려움도 어려움으로 남지 않는다. 우리 교회에 헌신하는 교사들은 하나님의 마음을 알고, 어머니의 마음으로 매 시간 유아들을 품에 안았다. 그런 시간들이 이제는 "6개월에서 1년을 기다려야 영문아기학교에 입학할 수 있다."는 소문으로 돌아왔다. 이번 3월에 등록을 원하였지만 정원에 들어갈 수 없는 유아들은 기다렸다가 내년 3월에 등록 할 수밖에 없는 상황에 놓였다.

모든 교인들의 관심과 기도로 아기학교가 축복의 통로로, 전도의 한 통로가 되어 가는 모습이 감사할 뿐이다.

2. 지역사회 섬김을 통한 전도

1) 지역 어르신 섬김 잔치

우리 교회에서는 매월 둘째 주 수요일을 '지역 어르신 섬김의 날'로 정하고, 성도들이 정성껏 음식을 장만하고, 지역의 어르신들을 초청하였다. 처음에는 교회의 사정과 섬김을 잘 알지 못하여 많은 분들이 참석하지 못하였다. 다음달에는 아파트 관리실에 양해를 구하고, 직접 방송을 하기로 했다. 대부분의 아파트 관리실에서 방송을 허락하지 않았지만 할 수 있는 대로 방송을 했고, 그 결과 어르신들이 교회로 모여들기 시작하였다.

몇 번 어르신들을 섬긴 이후에는 '사랑의 지팡이'라는 팀을 만들어서 지역 섬김과 어르신 섬김을 더욱 적극적으로 실천해 나갔다. 그리고 각 동에 있는 경로당을 찾아다니며 어르신들을 차로 모셔 왔다. 이제는 아예 매월 둘째 주 수요일은 의례히 잔치가 있는 날인 줄 알고 찾아오시는 분들이 많아졌다.

지역 어르신 섬김은 약 11시 30분부터 국악을 전공하신 전도사님이 장구와 우리노래로 어르신들의 흥을 돋우고, 12시가 되면 정성스럽게 마련한 음식을 제공하게 된다. 약 30여 명의 성도들이 일사불란하게 섬긴다. 이 시간 교회 내에서는 미용자원봉사자들이 어르신들의 머리를 손질해 드린다. 어떤 때는 레크리에이션을 잘하는 분들이 오셔서 어르신들의 흥을 돋우기도 한다.

　　이제는 어르신 섬김의 날에 어르신들이 일찍부터 와서 기다리신다. 이·미용을 하기 위해서인데 자원봉사자들이 도착하기 전부터 줄을 서서 기다리신다. 교회의 소문을 내는 분들은 어르신들이다. 이제는 어르신들이 "교회를 가려면 영문교회를 가라."는 말씀을 하신다. 이 잔치에 참여하는 어떤 어르신은 믿는 분이 아니신데 다른 교회에서 총동원전도를 하면서 이 어르신을 초청했다. "우리 교회 총동원전도주일인데 저희 교회 같이 가시지요."라는 말에 어르신은 "나는 교회 갈려면 영문교회 갈 거다."라고 답하셨다고 한다.

　　어떤 어르신들은 주머니에서 꼬깃꼬깃한 봉투를 내밀기도 한다. "할머니, 이런것 안 주셔도 괜찮아요. 할머니 필요한 데 쓰세요." 그래도 막무가내이다. 너무나 감사해서 그냥 갈 수 없다며 미안한 마음에 자신의 용돈을 나누어 주신다. 그러면서 교회가 너무나 좋은 일을 한다며 감사해 하시고, 목사님이 큰일을 한다면서 칭찬해 주시기도 한다.

2) 지역 어르신 섬김을 위한 바자회

　　어르신 섬김에는 물질이 필요하다. 물질이 있어야 어르신들을 섬길 수 있다. 그래서 영문교회에서는 1년에 두 차례(봄, 가을), 대대적으로 '지역 어르신 섬김을 위한 바자회'를 연다. 이 바자회도 벌써 5년을 넘어섰다. 특히 명절 전이나 사람들의 소비 욕구가 일어날 때 날짜를 정하고, 목장별로(현재 영문교회 목장은 31개 목장으로 구성되어 있음.) 바자회 품목을 정하고 준비한다.

약 한 달 전부터 품목이 확정되고 전단지를 만들면 지역 신문에 간지로 넣어서 바자회를 알리고, 각 아파트마다 게시판에 전단지를 부착한다. 그리고 지역의 기관장들이나 이웃 교회에 초대장과 바자회 티켓을 보내 준다. 그리고 기도하면서 바자회를 준비한다. 이 바자회를 통해서 목장이 하나 되고, 전도의 발판이 되며, 이웃을 섬길 수 있는 자금을 마련하는 일석삼조의 효과가 있다. 처음에는 성도들이 힘들어 했으나 이제는 기쁨으로 온 교회가 하나 되어 섬기고 있다.

바자회의 수익금은 온전히 지역 어르신들을 섬기는 데 사용되고 있다. 이 모습을 보고 어떤 분은 무명으로 나도 어르신 섬김에 동참하겠노라고 하시면서 매월마다 상당한 헌금을 해 주신다. 이처럼 우리의 섬김이 또다른 섬김을 불러일으키고 있다.

3) 무의탁 노인들에게 용돈 드리기

이 지역 섬김은 여기서 끝나는 것이 아니다. 동사무소에 의뢰해서 무의탁 노인들의 명단과 사는 곳을 확인하여 이분들에게 매월 소정의 용돈을 드린다. 목장마다 몇 사람씩 맡아서 지급할 용돈을 가지고 어르신들을 찾아가서 위로하고 돌아온다. 어떤 목장에서는 맡겨진 분들을 위해서 음식을 만들어 드리기도 하고, 자신들이 직접 섬기기도 한다.

4) 교회절기와 연말에 어려운 분들 살피기

우리 교회는 부활절, 교회창립주일, 추수감사절, 성탄절 등의 절기에 떡이나 선물을 준비해서 지역의 아파트 경비원들, 청소하시는 분들, 경찰서 지구대, 지하철 직원들에게 나눠 드린다. "영문교회가 샬롬을 전해 드립니다.", "오늘은 영문교회 생일입니다. 기쁨을 함께 나누고 싶습니다.", "성탄의 기쁨이 함께하시기를 기원합니다." 등의 문구를 넣어서 작은 것이지만 정성을 다해서 그분들을 섬기고 있다. 특히 연말에는 사랑의 쌀을 필요로 하는 분들은 동사무소에 의뢰해서 어려운 분들에게 직접 배달해 드린다.

5) 지하철역 내 휴식공간 꾸미기

지하철은 많은 사람들이 이용하는 공간이다. 영문교회는 문래역과 자매결연을 하고, 오래전부터 지하철역을 선교의 장으로 활용하고 있다. 지하철역의 휴식공간을 잘 꾸며 놓았으며, 필요에 따라 화분과 성탄장식도 정성껏 해 놓고 승객들에게 기쁨을 주고 있다.

중요한 것은 아무리 교회가 지역을 섬기고 싶어도 지역의 필요를 모른다면 별 의미가 없다는 것이다. 교회가 더욱 적극적으로 지역을 섬기려면 공공기관과 함께 지역의 필요를 채워 가는 것이 필요하다.

3. 직접적인 전도 활동

교회가 전도하는 교회가 되기 위해서는 먼저 교회의 이미지를 바로 세워야 한다. 지역사회에 있는 교회의 이기적인 모습이라든지 불협화음이 세상으로 나간다면 전도가 어려워진다. 그러므로 교회는 이미지를 세우는 것에 많은 관심을 가져야 한다. 지금까지 위에서 살펴보았듯 지역사회를 위한 봉사라든지, 섬김에는 영문교회가 적극적으로 참여한다. 영문교회에서 실행하는 직접적인 전도 활동은 축호전도, 찾아오는 전도(차 전도), 총동원 전도가 있다.

1) 축호전도

현재 영문교회에서는 장원재 목사 부임(2001년) 이후에 전도팀이 결성되었고, 지속적으로 운영하고 있다. 매주 금요일에 아파트 전도를 위해 모이고, 정해진 아파트를 향해서 출발한다. 먼저 금요일 10시가 되면 간단하게 예배를 드리고, 매주 여러 가지 전도에 대한 영상을 시청한다. 인터넷을 통해서 전도에 대한 영상은 어렵지 않게 구할 수 있다. 영상을 통해서 우리나라에서 유명한 전도교육도 받는다. 비록 영상이지만 영상교육을 통해서도 동기 부여와 자신감을 얻는다.

이렇게 교육 받은 전도대원들은 아파트를 향하여 나가는데 영문교회 가까이에는 7개 정도 아파트 단지가 구성되어 있다. 이 7개 아파트마다 담당자들이 배정되어 있다. 배정된 담당자들은 아파트에 각 동, 호수에 대해 관련된 정보들을 수집하고, 정리·관리한다. 이것은 만약 전도자가 바뀌게 되어도 계속 전도를 진행할 수 있게 하기 위한 것이다.

아파트 전도를 할 때는 같은 아파트를 여러 명이 하지 않고, 2인 1조가 되어서 한 팀 또는 두 팀 정도만 한 아파트를 공략한다. 그렇게 정해진 아파트는 약 4~5주 정도에 걸쳐 지속적으로 전도한다. 그렇게 전도하다가 가능성이 보이는 가정은 매주 한 번씩 들려 예수님을 전한다. 가능성이 있는 가정을 방문할 때는 다른 내용의 선물을 3~4회 전달하면서 접근한다. 또한 이렇게 전도했던 내용을 아파트 담당자에게 정보를 주어 이 정보를 가지고 목장으로 연결하여 전도할 수 있도록 하게 한다. 전도 대상자가 사는 아파트 목장으로 연결하여 목장예배 시에 초청하여 목장예배를 드릴 수 있도록 한다.

축호전도를 마치면 전도대원들을 다시 모여서 그날 전도 과정에서 있었던 일들을 나누고, 기도회를 한다. 이 모임은 중요한 시간이다. 축호전도를 통해서 상처를 받은 일이 있었다거나 용기가 되는 일이 있었다면 서로 위로하고, 좋은 일은 더 기쁨이 되는 시간이기 때문이다. 축호전도는 충분한 기도와 용기가 필요하다. 현장에 바로 들어가서 전도 대상자를 만나 그들에게 복음을 제시한다는 것은 결코 쉬운 일이 아니다. 그렇기 때문에 충분한 기도가 필요하고, 사전에 대상자에 대한 지식도 필요하다. 전도대원들이 대상자에게 어떻게 접근하며 어떻게 이야기를 붙일 것인가 하나하나 가르치고, 미리 연습까지 해서 축호전도에 임한다.

전도는 필요를 채우는 것이다. 전도 대상자가 전도할 사람들이 가지는 고민과 아픔들을 이해하게 되면 진정한 위로를 받고 주님께로 나오게 된다. 축호전도는 관계전도를 위한 물밑 작업이다. 목장과 연결하고 관계가 형성이 되었을 때 출석하게 되면 어렵지 않게 교회에 정착할 수 있게 된다. 그렇기 때문에 축호전도와 목장과의 연결은 반드시 필요하다.

이미지 쌓기는 이렇게

전도를 위해서 교회는 좋은 이미지를 구축할 필요가 있다. 영문교회는 매년

교회 창립기념일, 인근에 있는 아파트 직원들(관리실 직원, 청소 아주머니, 사무직원)에게 생일 떡을 돌린다. 뿐만 아니라 성탄절이라든지 부활주일에는 학생회를 통해 아파트 직원 대상으로 차 나눔 행사 등을 통해 아파트 직원들을 대접한다.

　이런 일이 꾸준히 진행되기 때문에 아파트 직원들은 대부분 영문교회에 대해서 좋은 감정들을 가지게 되었다. 이렇게 관계를 가지게 되었을 때에 아파트는 교회가 전도할 수 있도록 은연중에 문을 열어 주게 된다. 한 예로 교회에서 바자회를 실시하게 되었을 때 교회 홍보지를 아파트 광고판에 광고료 없이 부착하도록 허락해 주었던 일이 있었다. 또 전도자들에게 여러 가지 정보들을 제공해 준다. 누가 이사를 왔다든지, 어떤 연령대가 살고 있는지 등의 정보를 제공 받기도 한다. 또 교회학교 전도 축제 때는 아파트 앞마당에서 행사를 진행할 수 있도록 도와준다.

　이렇게 아파트 직원들과 좋은 관계를 유지하면서 전도하게 되면 여러모로 도움을 받을 수 있다.

2) 찾아오는 전도 - "차 전도"

　전도를 생각하면 대부분 찾아가는 전도를 생각한다. 그러나 대상자들의 필요를 알고, 그 필요를 채워 준다면 대상자들은 스스로 교회로 찾아오게 된다. 그래서

우리 교회는 대상자들이 찾아올 수 있도록 여러 가지 문화 활동 및 지역사회 섬김을 실시한다.

적극적으로 생각하면 차 전도도 전도 대상자들이 찾아오는 전도이다. 차 전도는 매주 금요일 오후 2시에 실시한다. 우리 교회 가까이에는 문래역이 있다. 문래역과 자매결연하여 이 문래역에 쉼터를 만들고, 이 문래역을 이용하는 이용객들에게 쉴 수 있는 공간을 제공한다. 이 공간은 전도하는 데 아주 용이하다.

차 전도는 가능하면 같은 장소에서 꾸준히 하는 것이 좋다. 혹 일정한 요일을 정해야 한다면 토요일이나 금요일이 가장 적기이다. 교회에 출석하겠다는 마음이 있다면 하루나 이틀 후에 바로 출석할 수 있도록 권면할 수 있기 때문이다.

이 문래역 쉼터에서 매일 전도하시는 한 장로님이 계신다. 이 장로님은 문래역을 자주 이용하시는 분들을 모두 알 정도로 유명하다. 장로님이 매일 나가서 전도를 하고, 이곳에서 신앙 상담을 하거나 오가는 분들에게 차를 대접하는 등 이용하는 모든 사람들에게 좋은 인상들을 심어 준다.

뿐만 아니라 교회에서 운영하는 '책사랑방'에 있는 책들을 문래역에 비치하여 문래역을 이용하는 고객들에게 이용할 수 있도록 했다. 이 문래역 쉼터는 문래역을 이용하는 사람들에게 쉼터와 동시에 만남의 장소로 사용되어진다.

문래역은 교회에 절기 때마다 찬양 전도를 하고, 어버이주일에는 '어르신들 꽃 달아 드리기 행사', 성탄절에는 이곳에 근무하는 분들에게 차 대접을 한다. 이런 활동들로 인해서 문래역 직원들에게 "고맙다."는 말을 자주 듣는다. 물론 이 문래역을 이용하는 시민들도 이런 활동들에 대해서 감사하다는 말을 한다.

금요일 오전에는 축호전도, 오후에는 차 전도를 실시하는데 오후 2시에 모여서 보온통에 뜨거운 물을 담아 한다. 전도대원은 4명 정도로 구성한다. 준비물로는 교회가 소개된 현수막과 교회 전단지, 그리고 기도제목을 기록할 수 있는 용지와 등록카드 등이 있다. 이때 복장은 앞치마를 두르고, '영문교회'라고 쓰여진 명찰을 단다. 기존에는 교회 띠를 둘렀는데 띠보다는 앞치마가 전도 대상자들에게는 부담 없이 다가갈 수 있다.

이렇게 전도하다 보면 그냥 지나다니면서 편하게 차를 드시는 분들도 있지만 믿음을 가진 뒤에 낙심한 영혼들과 교회와 갈등 중인 영혼들이 오기도 한다. 믿는 사람들에게 도전을 주기도 하고, 자부심을 가지게 하기도 한다.

이렇게 차를 마시러 오는 사람에게 예수 그리스도를 소개하며 전도지에 기록되어 있는 복음을 제시하기도 한다. 그리고 복음에 관심 있어 하는 사람 또는 믿은 뒤에 낙심한 사람에게 기도제목을 기록하게 한다. 그 기도제목 기록문 안에는 집 주소 및 연락처를 기록하게 해서 대상자에게 지속적으로 연락하고, 교회에 관련된 소식지 등을 발송하여 교회에 출석하는 데 도움이 되도록 한다.

3) 총동원 전도

교회가 전도에 성공하기 위해 목회자부터 성도들까지 전도에 대해서 적극적으로 관심을 가지고 지원하게 되면 반드시 부흥하는 교회가 될 수 있다. 온 성도들이 전도에 관심을 가지게 하기 위해서 총동원 전도는 반드시 필요하다.

영문교회는 매년 총동원 전도를 실시하고 있다. 특별히 이번에는 새안양교회(김한옥 목사 시무)에 '해피데이 전도 시스템'을 적용하여 전도하게 되었다.

해피데이 전도 시스템을 요약하자면 "어떤 단체이든 20%가 이끈다."는 법칙을 이용하여서 적극적인 성도 20%를 해피데이 진행위원으로 세우고, 전체 성도들을 적극적으로 전도할 수 있도록 끌어가는 것이 '해피데이 전도'이다.

● 개인전도요령

1. 분명한 목표를 세운다.
2. 기회를 포착한다.
3. 예수의 이름으로 마귀의 세력을 쫓아내라.
4. 복음을 분명하게 전한다.
5. 간증을 활용한다.
6. 마음을 열도록 한다.
7. 입으로 시인하게 한다.
8. 확실히 믿을 때까지 계속 전도한다.

| 해피데이 전도 시스템 선언문 |

　영문교회는 이 시대를 복음으로 섬길, 영적인 일꾼을 찾고 계신 하나님의 마음을 알아, 모든 교인들이 십자가의 은혜, 신앙 양심을 회복하여 한국교회를 영적으로 회복시키고, 불신자를 전도하고자 영적 고지를 점령하여 잃어버린 영혼들이 교회로 돌아오게 하기 위해 해피데이 전도 시스템을 가동하기에 이르렀습니다.
　이에 우리는 아래와 같이 엄숙히 선서합니다. 선서!

첫째, 우리는 이 시대의 소망이 교회에 있음을 확신하고, 서로 사랑하고 신뢰하며, 지도자에게 순종하며, 위하여 기도하겠습니다.

둘째, 우리는 긍정 200%의 믿음으로 무장하여, 부정적인 생각이나 말은 절대 하지 않고 영적 고지를 점령하겠습니다.

셋째, 우리는 해피데이 구호를 힘을 다해 외치겠습니다.

넷째, 우리는 해피데이 전도 시스템이 가동되는 8주 동안, 전도와 기도전략에 적극적으로 동참하겠습니다.

다섯째, 우리는 지금부터 불신자를 예비신자로 품고, 영향을 주고, 데려와서 반드시 하나님을 기쁘게 해 드리겠습니다.

2009년 3월 29일
영문교회 ○○○

해피데이 9주 전에 교회의 모든 장소에 현수막과 포스터를 부착하고, 모든 성도들이 '해피데이 버튼'을 달아서 성도들로 하여금 전도에 대해 거룩한 부담감을 가지게 한다. 그리고 매주 20%의 진행위원들은 목요일 오후 8시에 해피데이가 어떻게 진행되고 있는지 함께 고민하고 준비하는 모임을 가진다.

해피데이 8주 전에 선포식을 갖고 전교인이 하나가 되어 전도한다. 이미 선포식 전에 어떻게 전도할 것인지에 대한 방법을 4주 전에 미리 일정표로 짜고, 성도들에게 전도할 수 있도록 토양작업에 들어간다.

해피데이 7주 전이 되면 11시 예배 때 예비신자 작정카드가 나가게 되는데, 이것은 한 번에 걸쳐서 실시하는 것이 아니라 6주차, 5주차 지속적으로 성도들에게 작정할 수 있도록 한다. 이때 작정된 예비신자들은 모든 성도들이 볼 수 있도록 교회 게시판에 부착하고, 예비신자 목록을 파일로 만들어서 새벽예배를 통해 기도하게 한다. 새벽예배뿐만 아니라 낮 시간에도 남선교회, 여전도회, 목장별로 돌아가면서 릴레이 기도를 한다면 더욱 좋을 것이다.

예비신자로 작정한 사람에게는 3회에 걸쳐서 선물을 전달해 주어야 한다. 또 이것들이 잘 전달되도록 진행위원들은 확인하고 격려해 준다. 8주간에 걸쳐서 온 교회가 '전도'라고 하는 하나의 제목을 가지고 일심단결하여 나아간다.

해피데이 당일이 지나가게 되면 그것이 끝이 아니라 "한 영혼 더"라는 제목 아래 해피데이 당일에 출석하지 못한 예비신자를 교회로 올 수 있도록 한다.

● 해피데이 1주 전의 지침
1. 긴장하지 말고 자연스럽게 전도한다.
2. 전도 나가기 전에는 기도하고 성령을 의지한다.
3. 전도할 때는 조용한 곳을 선택하고, 최대한 논쟁을 피한다.
4. 상대방이 강요당하고 있다는 생각을 갖지 않게 하는 것이 좋다.
5. 복장을 단정히 하고, 교양 있는 행동을 한다.
6. 그리스도를 중심으로 복음을 제시한다.
7. 복음을 부끄러워 말아야 한다.

8. 너무 조급해 하지 않는다.
9. 복음을 전했으면 초청을 한다.
10. 자신감을 가지고 재치 있고 적극적으로 한다.

● 해피데이 당일 지침
1. 일체의 가정행사, 출타, 여행, 출장을 금한다.
2. 교인들은 모두 1부 예배에 참석한다.
3. 1부 예배를 마친 후, 반드시 대상자를 모시러 간다(2, 3부 예배).
4. 대상자와 함께 예배에 참석하여 찬송가, 성경본문, 사도신경을 찾아 준다.
5. 등록카드를 작성하여 제출한다.
6. 점심대접은 교회에서 혹은 개인적으로 대접한다.
7. 새 가족 환영행사 혹은 알파 초청잔치에 꼭 모시고 온다.
8. 교회 가까운 곳은 전도 대상자들이 주차하도록 비워 둔다.
9. 전도 대상자들이 예배, 식사, 친교할 수 있도록 친절히 안내한다.

20%의 진행위원들은 바로 양육하는 체제로 들어간다. 「행복한 삶」이라고 하는 책을 통해서 4주 동안 전도했던 사람이 새 가족을 찾아가서 식사하면서 지속적으로 예배에 나올 수 있도록 교육하게 한다.

4. 문화선교와 지역 섬김을 통한 전도의 효과

1) 성도들의 변화

우리 교회는 다양한 프로그램과 섬김 사역을 실천하고 있다. 이렇게 다양한 사역을 오랜 시간 동안 진행할 수 있었던 것은 전체 교인의 절반에 가까운 수가 자원봉사자로 동참하는 남다른 헌신 덕분이다. 이윤에 연연하지 않고 진정한 섬김의 마음으로 준비한 프로그램들이 주민들을 감동시키고, 매년 수강생들의 10% 이상이 교인으로 등록하는 결실을 거두게 되었다.

2) 목회자가 바라본 전도

요즘 교회마다 전도에 대해서 버릇처럼 하는 말이 있다. "전도가 되지 않는다." 예전처럼 전도가 쉽지는 않다. 하지만 교회의 본분은 전도에 있다. 교회가 전도에 대해서 소극적으로 대처하는 것은 교회의 본분을 잊는 것이 된다. 몇 년 전 부임하여 당시 점점 약해지는 교회의 모습을 보며 가만히 있어서는 안 되겠다는 생각에 연 문화교실과 하나 하나 세워 가고 있는 다른 프로그램들을 교회에 적용시키고, 교인들과 문제를 해결해 나가면서 오늘날 좋은 결과를 얻고 있다.

교회는 전도에 주력해야 한다. 또한 장기적인 안목을 가지고 지역 주민들을 섬기는 일에 인력과 예산을 투입해야 한다. 섬김을 통해 교인들이 얻는 보람은 교회에 활력을 주고, 나아가 전도의 에너지로 쓰이게 된다. 우리가 전도에 열정을 가지고, 전도에 대해서 포기하지 않으면 하나님께서 우리에게 지혜를 주시고, 능히 '전도가 되는 교회'로 세우실 것이다.

교회 현장의 목소리

6월 둘째 수요일, 교회 옆 현대지물포 할머니께 가서 씩씩하게 말했다.
"저 까만 비닐봉투 두 묶음 주세요."
"옆 영문교회에서 왔수?"
"네! 점심식사 하러 오시지요?"
"우리 할아버지가 갔지. 그 교회 좋은 일 많이 해!"
매월 둘째 주 수요일이면 삼삼오오 영문교회로 향하는 지역 어르신들의 발걸음……

그날은 어김없이 행해지는 '지역 어르신 섬김의 날'이다.
몇 년을 한결 같은 마음으로 교회의 쌀뒤주를 열어 나누고, 찾아가고, 모셔와서 어르신들께 식사를 제공해 드리고, 참석 못하신 분들께는 반찬 도시락을 가져다 드리고, 어려운 분들께는 용돈을 드리고, 운전을 못하시는 분들께 도움의 손길을 연결해 드리는 우리 영문교회가 참으로 대견하다.
몇 년을 영문교회를 통해 지역을 섬기다 보니 봉사자로 참여하고 있는 우리 교회 집사님들은 자신들도 모르게 동네의 유지가 되어 있다. 길을 갈 때면 골

목에 두런두런 모여 계신 어르신들이 우리의 가족이 되었고, 각 아파트의 노인 정과 관리실, 그리고 경비 초소까지도 우리 교회를 알아봐 주시고, 친절함과 격려로 우리를 응원해 주시는 것이다.

우리 장원재 목사님께서는 늘, 더 업그레이드된 섬김을 주문하신다.

"우리 주머니를 자꾸 열어 섬겨야 또 채워진다."고 하시면서……

그날 반찬 도시락 포장용 비닐을 사면서 영문에 채워진 주님의 향기가 문래동 곳곳에서 풍겨남에 웃음 가득, 기쁨 가득 감사를 드린다.

- 김명희 집사

혹자는 우리 교회의 크기와 예산을 보고 문화사역이 가능한가를 묻곤 한다. 그러나 문화선교는 크기와 예산에 의해 좌우되는 것이 아님을 우리 교회는 보여 주고 있다. 그 내용으로 들어가면 많은 사람들이 더 이해하지 못하는 경우가 있다. 그러나 이 모든 것은 선교의 열정과 헌신, 그리고 꿈이 이루어 낸 결실이다.

꿈을 가지지 않는 사람은 삶의 지표를 잃어버리게 된다. 그래서 우리 교회는 오늘도 꿈을 꾼다. 주님이 주신 꿈! 생명이 살아 숨 쉬는 꿈! 복음이 넘치고 사랑을 실천하는 꿈! 이 땅, 이 문래 지역, 이 나라, 그리고 온 세상을 말씀으로 정복하는 꿈을 꾼다. 직접 전도는 신앙의 고백이 된다. 전하는 것만큼 확실한 것이 어디 있겠는가! 성도들에게 직접 전도에 참여하게 하는 것은 무덤덤한 신앙에서 간증 있는 신앙으로 바뀌는 계기가 될 것이다.

전도하는 방법은 수없이 많다. 요즈음에는 전도 방법에 관한 책들도 많고, 이론들도 너무 많다. 그러나 전도 방법보다 중요한 것은 전도할 수 있는 동기인데, 그것이 바로 섬김이요, 사랑이다. 진정한 섬김과 사랑이 뒷받침되지 않는 전도는 곧바로 무너지고 말 것이다. 우리 주님이 이 땅에 사람의 모양으로 오셔서 자기를 내어 주셨던 것처럼 교회는 지역과 이 세상에 자신을 내어 주고, 섬기고, 사랑하고, 낮아져야 한다.

제2편
생활전도와 섬김

3. 전교인 택시 타기를 통한 전도
　　　　　　　　　　　　　_연동교회

4. 이동목욕봉사와
　사랑의 장바구니를 통한 전도
　　　　　　　　　　　　　_안양제일교회

3. 전교인 택시 타기를 통한 전도

연 동 교 회

전교인 택시 타기 운동은 택시를 타고 교회 오는 것에서 끝나는 것이 아니고, 교회를 알리고, 나아가서는 성도들로 하여금 삶 속에서 하나님 말씀을 전하도록 훈련하는 것이다.

택시 기사에게 복음을 전하면서 전도에 대한 자신감을 형성하고, 섬김의 보람을 느낄 수 있는 프로그램으로 비용, 기간, 연계성에서 높은 효율성을 보인다. 또한 생활 속에서 전도를 활성화시키고, 지역사회에 도움을 준다는 면에서 볼 때 교회의 이미지 형성에 큰 도움이 된다.

전도에 대한 자신감 형성 / 섬김의 보람	
* 전도훈련	
* 일 년 한 차례 택시 타기	
* 지역사회 봉사	

	낮음 → 높음
규모면의 효율성	▓▓▓▓▓░
비용면의 효율성	▓▓▓▓▓░
기간면의 효율성	▓▓▓▓▓░
연계성면의 효율성	▓▓▓▓▓░

사회 변동에 따른 생활환경의 변화는 교회의 환경에도 많은 영향을 미친다. 그러므로 교회는 다양한 목회 프로그램을 통하여 교회가 사회에 공헌하고, 교회의 정체성을 알릴 수 있는 방법을 찾고, 교인을 훈련시킬 수 있는 기회로 활용할 수 있어야 한다. 그래서 기획된 전교인 택시 타기는 생소한 내용이지만 교인의 일상을 전도의 기회로 삼게 하는 특별 프로그램이다. 이 프로그램은 동네를 벗어난 위치에 있는 교회들이 시도할 만하며, 선교적 역량을 확대하는 것과 같은 여러 가지 효과를 동시에 얻을 수 있는 효율적 프로그램이다.

전교인 택시 타기는 교인의 많은 수가 교통수단을 이용하여 예배에 참석하는 교회들을 위한 프로그램이다. 많은 교인이 교통수단을 이용하여 교회에 출석한다는 것은 교인들의 교통수단이 택시에만 한정된다는 뜻은 아니다. 대부분은 좀더 대중적인 버스나 지하철을 이용할 것이고, 또 다른 일부는 자가용을 이용할 것이다. 실제로 택시를 타는 교인 수는 그다지 많지 않을지도 모른다. 그러나 많은 교인들이 교통수단을 이용한다는 것만으로도 전교인 택시 타기는 시도할 만하다. 택시를 타고 교회에 출석한다는 것은 단순한 일이지만 여기에 목회적, 선교적 의미를 부여하여 교인들의 일상의 기회를 선교와 봉사의 기회로 만들어 주는 것이다. 이를 통하여 축적된 경험은 교인들로 하여금 평소에 택시를 타는 기회를 선교적 기회로 활용하는 즐거운 일이 될 수 있으며, 동시에 택시를 타는 일 외에 일상에서도 선교의 기회를 자연스럽게 만들어 가는 효과를 기대할 수 있는 것이다. 전교인 택시 타기는 적은 비용으로 많은 효과를 기대할 수 있는 선교 봉사 프로그램이다. 이와 관련한 준비과정과 프로그램의 실제를 소개하고자 한다.

1. 전교인 택시 타기 소개

1) 목적 세우기

전교인 택시 타기 운동은 교회가 지역사회를 위하여 전도와 봉사에 참여할 수 있도록 하는 것이 목적이다. 택시는 단순한 교통수단이며 일상이지만 이 일을 통하여 지향하는 몇 가지 목표는 다음과 같다.

첫째, 택시 기사에게 교회를 알린다. 교회의 좋은 소문은 교회를 성장하게 한다. 최근의 전도는 이전과 같은 방식에서 탈피할 수밖에 없다. 한 보고서에 의하면 최근의 가장 효과적인 전도는 관계전도와 이미지 전도라는 것이다. 즉, 가족이나 친척, 그리고 친구와 이웃을 통하여 전도하는 것이 가장 효과적이라는 것이다. 그런 의미에서 택시 기사들과 좋은 관계를 형성하고, 교회의 이미지를 좋게 심는 것은 복음전도를 효율적으로 할 수 있는 방안이다.

둘째, 택시 기사에게 경제적 혜택을 준다. 최근 우리나라의 경제는 불황을 벗어나지 못하고 있다. 더구나 체감 경기는 IMF 때보다 좋지 않다고 한다. 택시 기사들은 속히 경제가 안정되고 발전하기를 바라며, 택시를 많이 타 달라고 주문한다. 이런 때에 그리스도인들이 경제적인 혜택을 주는 것은 그들에게 힘이 되고, 현실적인 도움이 될 것이다.

셋째, 교인들에게 전도훈련의 기회를 준다. 교회는 지속적인 전도의 공동체이다. 그러나 실제로 교인들에게 전도한다는 것은 그리 쉬운 일이 아니다. 전도를 열심히 한다고 하는 교회도 실제로는 전도에 참여하는 교인의 수가 그리 많지 않다. 교인들이 전도의 훈련을 위해 일부러 시간을 내는 것이 어렵다면 기회가 있을 때에 전도할 수 있도록 훈련시키고, 소모적인 시간을 생산적인 시간으로 활용할 수 있도록 교인들의 의식을 전도로 전환하게 한다.

넷째, 교인들에게 지역사회 봉사의 기회를 준다. 택시를 타고 전도하는 것은 그 자체로 끝나는 것이 아니라 지역사회를 섬기는 일이다. 지역을 섬기는 것은 지역교회로서 역할을 수행하는 것이다. 교회는 지역을 떠나서 존재할 수 없다. 교회는 지역을 섬기는 일을 소홀히 해서는 안 된다. 교회는 지역이 필요로 하는 교회가 되어야 하고, 지역을 섬기는 교회가 되어야 하는 것이다.

2) 기대 효과 점검하기

전교인 택시 타기를 준비하는 과정에서는 기대 효과를 미리 예측하고, 점검해야 한다. 이는 택시를 타고 교회에 오게 하는 단순한 프로그램이지만, 그 효과는 기대 이상으로 클 수 있다. 동시에 효과를 극대화할 수 있도록 전교인에게 적극적으로 동기를 부여하고, 효과적으로 홍보하며, 실제적으로 분석하는 것이 필요하다. 전교인 택시 타기의 기대 효과는 다음과 같다.

첫째, 택시 기사가 달리는 홍보대사가 된다. 택시 기사를 교회의 홍보대사로 활용하는 것이다. 교회가 택시 기사에게 좋은 이미지를 심어 주는 것은 좋은 교회라는 이미지를 오랫동안 남길 수 있고, 동시에 다른 사람에게 교회를 알리는 효과도 얻을 수 있다. 외지인이나 비신자가 "아무 교회나 데려다 주세요."라고 할 때에 택시 기사는 좋은 이미지가 남아 있는 교회에 데려다 줄 것이 분명하기 때문이다.

둘째, 전도에 자신감이 생긴다. 처음 보는 사람에게 전도하는 것은 자신감이 있어야 가능하다. 택시 기사에게 일반적인 시사 문제나 세상 사는 이야기는 흔히 할 수 있지만 전도에 대한 말문을 여는 것은 어려운 일이다. 그러므로 교인들이 택시를 타는 기회를 이용하여 전도할 수 있게 훈련을 하고, 이날뿐만 아니라 언제든지 택시를 탈 때마다 전도의 기회로 활용할 수 있도록 전도에 자신감을 불러일으키는 효과를 얻을 수 있다.

셋째, 봉사의 즐거움을 얻는다. 사회봉사를 통하여 지역사회에 작은 도움을 주는 것은 교회의 본질적 사명이며, 교인들에게는 그 책임이 있다. 섬기는 일은 억지로 되는 것이 아니라 자발적이어야 하며, 즐거움으로 해야 한다. 택시 타기는 작은 봉사로 큰 즐거움을 맛보게 하는 효과가 있을 것이다.

넷째, 교회에 대한 자긍심이 고취된다. 교인들은 택시를 타기만 하는 것이 아니라 교회를 홍보하고 복음을 전파하는 일을 함께하게 된다. 이 일을 통하여 교인들은 자신의 교회를 소개하고 자랑함으로써 교회에 대한 자긍심이 커지게 된다. 교회의 자랑은 자신을 위해 하는 것이 아니라 하나님을 위하여 해야 한다. 교회를 홍보하고 나면 교인은 누구나 교회에 대한 새로운 자긍심이 생기게 될 것이다.

3) 동기부여하기

전교인 택시 타기는 일 년에 한 차례 정도 전교인에게 택시를 타게 하는 프로그램이다. 전교인 택시 타기를 성공적으로 이끌기 위해서 가장 중요한 것은 교인들의 참여를 유도하는 것이다. 교인들은 동기가 부여되면 모든 것을 기쁨으로 할 수 있게 된다. 미리 교인들에게 홍보를 통하여 동기를 부여하고, 택시 타기는 재미있는 것이며 복음 전파에 유익한 일이라는 것을 알게 해 주어야 한다.

우리 교회에서 행하는 전교인 택시 타기는 사회봉사부 주관으로 이루어진다. 사회봉사부에서는 10월 3째주 창립기념주일에 초점을 맞추어 전교인 택시 타기 행사를 기획하고, 진행하며, 전교인이 참여할 수 있도록 하고 있다.

전교인 택시 타기 운동은 우리 자신이 출석하고 있는 교회를 택시 기사들에게 알리는 목적도 있다. 하지만 이것보다 더 중요한 것은 목적지까지 동행하는 시간이 하나님의 말씀을 전할 수 있는 좋은 기회라는 사실을 알리는 것이다. 매번 택시를 탈 때마다 택시 기사님과 좋은 관계를 맺고, 직·간접적으로 전도할 수 있는 좋은 기회를 하나님이 주신 것임을 알리고, 성도들에게 이 기회를 보다 적극적으로 활용할 수 있도록 독려하는 것이 필요하다.

일반적으로 택시를 타고 가면서 택시 기사님과 대화를 하는 사람은 많지만 대부분 정치나 경제 문제와 같은 세속적인 대화로 시간을 낭비하는 경우가 많다. 그렇기 때문에 전교인 택시 타기 운동을 통하여 택시를 타는 동안에도 전도할 수 있다는 것을 깨닫게 하는 것이 더 중요하다. 이 운동이 일 년에 한두 차례 행해지는 전도 행사가 아니라 매일매일의 삶 속에서 체질화될 수 있도록 지도해야 한다.

4) 훈련하기

현대 교인들에게 가장 취약한 점이 전도이다. 실제로 이제는 노방전도나 축호전도 등 재래적인 전도의 방식이 힘든 상황이다. 이런 전도의 여건 속에서 교인들에게 전도의 기회를 준다는 것은 상당한 효과를 유발할 수 있을 것이다. 교인들에게 미리 이 프로그램에 대한 홍보 자료를 자세하게 제공해 주면서 전도의 방법도 구체적으로 제시하는 것이 좋다. 최근에 교회들은 영상을 많이 활용하고 있으니 시각적인 효과를 높이기 위해 영상을 활용하여 구체적인 방법을 설명하고, 참여를 독려하는 메시지를 전달하는 것이 좋을 것이다. 목적과 방법을 자세히 설명하는 것은 동기를 부여하는 가장 좋은 방법이다. 목적이 분명하면 동기가 부여된다. 그리고 방법이 합리적이어야 동기가 부여된다. 이 두 가지를 항상 염두에 두고 참가할 수 있도록 독려해야 한다.

전교인 택시 타기의 목적을 이루기 위해서는 이를 위한 적절한 훈련방법을 찾고, 교인들을 훈련시키는 것이 좋다. 생소한 프로그램인 만큼 일어날 수 있는 예측 가능한 상황들을 생각하고 대처할 수 있도록 하여, 어려움이 최소화되도록 해야 한다. 방법을 설명하기 전에는 먼저 프로그램을 낯설어 하는 교인들에게 동기를 부여하고, 방해 요소들을 미리 해결할 수 있도록 해 주는 것이 중요하다. 예를 들면 다음과 같은 방해 요소들이 있을 것이다.

"우리 집은 택시 타기에는 너무 가까워요."
ㄴ "이날만큼은 택시를 타세요. 나를 위해서는 아끼고 남을 위해서는 베푸는 것이 그리스도인의 삶입니다."

"우리 집은 너무 멀어서 택시 요금이 많이 나와요."
ㄴ "너무 멀면 지하철이나 버스를 타고 오시다가 가까이 와서 택시를 타십시오."

"우리 집에는 노약자, 환자, 아기가 있어요."
ㄴ "이런 가정에서는 자가용을 이용하십시오. 이런 분들을 위하여 주차장이 열려 있습니다."

"우리 집은 택시 탈 만한 경제적 여유가 없어요."
ㄴ "이날만큼은 택시비라 생각하지 마시고 전도비라 생각하십시오."

이후에는 택시를 타기 전부터 택시를 이용하여 교회에 도착할 때까지의 과정을 자세히 소개하여 다양한 상황에서의 대처 방법도 함께 알려 주는 것이 좋다.

● 택시를 타기 전

먼저 택시를 타기 전, 아래와 같은 기도로 준비한다.
"예수님, 우리 교회를 널리 알릴 좋은 기사 분을 만나게 해 주시고, 그분을 통해 전도의 열매를 많이 맺게 해 주세요."

● 택시에 타면서

택시에 타면서 다음과 같이 인사한다.

"태워 주셔서 감사합니다. 고생이 많으시죠? 저 지금 ○○교회 가는데 기사님, 혹시 ○○동에 있는 ○○교회 아세요?"

1. 안다고 할 경우

"기사님은 분명 모범 운전자일 거예요. 그러시죠?"

교회에 관한 간단한 안내와 자랑을 하면서 대화를 시작한다.

2. 모른다고 할 경우

"아, 그 유명한 교회 있잖아요. 목사님과 우리 교인들이 우리나라를 위해서 얼마나 기도 많이 하는데요. 사회봉사도 많이 하고요. 그럼 제가 가르쳐 드릴게요."

전도지를 가지고 교회 위치를 자세히 가르쳐 주고, 전도한다.

● 택시에서 내리면서

택시를 타고 교회에 내릴 때에는 선교봉헌이라 생각하고, 약간의 거스름돈은 받지 않도록 한다. 단 몇 백 원, 몇 천 원에 서로의 기분이 좋아질 수 있다.

● 교인들의 봉사를 위하여

교인들이 택시를 타고 교회에 도착하면 미리 준비한 팀들이 기다리고 있다가 택시를 환영한다. 그리고 친절하게 감사를 표하고 적절한 선물을 주며, 다시 한번 간단히 복음을 전한다. 환영하는 팀들은 잘 준비하여 교인들이 택시를 타고 건낸 교회의 좋은 이미지와 복음을 다시 한번 확실하게 마무리하도록 한다.

1. 택시가 도착하면 우선 택시를 타고 온 교인이 누구인지를 빨리 확인한다. 그리고 다음과 같이 말한다. "우리 장로님(집사님, 성도님 등) 태워 주셔서 감사합니다."
2. 택시 기사에게 준비한 선물을 전한다. 생수, 떡, 작은 수건, 빵, 그리고 교회의 전도지 혹은 교회에서 제작한 찬양 테이프나 CD, 그 외에 택시에서 듣거나 볼 수 있는 교회 홍보용 제품 등을 전달한다.
3. 복음 전달이 확실하게 마무리될 수 있도록 "꼭 예수 믿으세요. 예수님 믿으시고 기도하면서 운전하면 더욱 안전하고 평안하실 겁니다."라고 말한다.
4. 택시가 출발하기 전에 다시 덕담을 남기는데, "좋은 하루 되세요.", "돈 많이 버세요."도 좋지만 "제가 아저씨를 위해 기도할게요." 등의 표현이 더 좋겠다.

5) 재정 운영하기

연동교회에서는 전교인 택시 타기 운동을 위하여 연간 300여 만 원의 예산을 세워 운영하고 있다. 예산의 대부분은 택시 기사에게 나누어 주는 선물에 사용된다. 찬조(제약회사의 음료, 비타민 등)가 들어오면 교회 내에서 준비한 선물과 함께 꾸러미를 만들어 택시 기사에게 나누어 준다.

2. 전교인 택시 타기의 효과

1) 교인들의 변화

전교인 택시 타기는 예상 외로 교인들의 호응이 좋고, 교인들이 즐거워하는 전도 봉사 프로그램이다. 교인들은 스스로 전도하지 못하는 자책감을 늘 가지고 있다가 이 프로그램을 통해 전도하는 보람을 느끼게 된다. 전교인 택시 타기를 평가하면 다음과 같은 결과를 얻을 수 있다.

하나, 일반적으로 상당히 많은 택시가 동원된다. 우리 교회의 경우 약 400여 대의 택시가 동원되었다.

둘, 교인들이 교회에 대한 자부심을 가지게 된다.

셋, 모처럼 전도했다는 기쁨과 전도에 대한 자신감을 가지게 되고, 앞으로 전도에 대한 열망을 가지게 된다.

넷, 택시 기사에게 선물을 전달하면서 섬김의 보람을 느끼게 된다.

다섯, 택시 기사가 교회에 대해 했던 좋은 말과 이미지를 교인들이 함께 나누며 더 좋은 이미지를 개발하려고 애쓴다.

여섯, 택시 타기뿐만 아니라 기회전도에 대한 관심을 극대화하게 된다.

2) 목회자가 말하는 전교인 택시 타기

매번 택시를 탈 때마다 일단 목적지를 말씀드린 후, 조용히 눈을 감고 30초 내지 1분 동안 하루 종일 이 택시를 타고 내리실 승객들과 운전하는 기사님, 그리고 그의 가족들을 위하여 기도한다. "하나님, 이분들이 오늘 하루를 여행할 수 있는 것은 하나님의 은혜임을 깨닫고 감사할 수 있게 하여 주시고, 이들을 안전하게 인도하여 주옵소서." 그 후에 기사님에게 곧바로 인사말을 건넨다. "반갑습니다. 좋은 하루 되세요." 그러면 대부분의 기사님들은 손님에게 먼저 인사하지 못한 것을 미안해 하면서도, 은근히 좋아한다. 이렇게 기분 좋게 시작된 짧은 만남을 통해 어렵지 않게 말문을 열 수 있으며, 충분히 복음의 말씀을 전할 수 있게 된다. 이후 목적지에 이르기까지 이런저런 대화를 통해 "혹시 신앙생활 하느냐?"고 물으면 대부분의 기사님들은 업무(1일 2교대 : 12시간 근무) 때문에 믿음이 있어도 교회를 못 나간다고 하거나, 본인은 못 나가지만 가족들은 교회에 나간다고 답하는 경우가 많다.

복음을 전하는 일은 생각보다 어렵지 않다. 특히 대중교통을 이용할 때, 가령 택시를 타고 목적지까지 가는 데 소요되는 짧은 시간 동안 기사들과 나누는 몇 마디 대화 속에서 충분히 복음이 전해질 수 있기 때문이다.

전도는 믿지 않는 사람을 교회로 인도하는 것이지만, 그 이전에 복음을 그에게 알리거나 심어 주는 일도 중요하다. 목적지까지 가는 동안 짧은 시간이지만 그 때 전한 그 한마디의 복음이 사람의 일생을 바꿀 수 있기 때문이다. 우리는 씨앗을 뿌릴 뿐 키우고 열매를 맺게 하시는 이는 성령 하나님이시다. 따라서 우리는 어떠한 경우라도 최선을 다해 말씀을 전할 기회를 놓치지 않고 전해야 한다. 이렇게 복음의 싹을 틔운 기사님들의 입과 입을 통해 복음의 기쁜 소식을 널리 전할 수 있다고 확신한다.

교회 현장의 목소리

주일 이른 아침 7시경, 전철역에서 내려 택시를 잡아타고 "종로 5가에 있는 연동교회로 가 주세요." 하였는데, 그 택시 기사가 환한 얼굴로 웃으면서 "어서 오십시오. 그 오래되고 친절한 교회 말씀이군요? 작년 언젠가 손님 같은 분을 태운 적이 있어서 그곳을 잘 압니다." 하면서 기분 좋게 인사하는 것이었습니다. 저는 그때를 놓치지 않고, 말을 건넸습니다.

"아, 저는 그 교회 교인인데 저희 교회를 기억해 주셔서 감사합니다. 아저씨도 기회가 되시면 가까운 교회에 나가셔서 예수 그리스도의 복음을 듣게 되시기를 바랍니다."

우리가 이용하는 대중교통인 택시. 짧은 시간이었지만 타고 내릴 때의 인사와 대화가 오랫동안 상대편(택시 기사)에게 교회는 물론 말씀을 건넨 사람까지도 기억된다는 것을 다시 한번 실감했습니다. 앞으로도 나의 일상에서 다른 사람들을 만날 때 좋은 인상을 남기고, 그로 인해 교회를 알릴 수 있도록 노력해야겠다고 다짐해 봅니다.

— 김대진 집사

택시 타기 운동은 어느 하루 교회에서 정해 준 날만 할 수 있는 것이 아니다. 1년 365일 매일 매일이 택시 타기 운동을 실행할 수 있는 기회이다. 우리의 생활 속에서 만나는 사람에게 말씀을 전하는 일이 습관이 되고, 언제나 가장 친절하게 상대편과 대화해야 한다.

전교인 택시 타기 운동은 택시를 타고 교회 오는 것에서 끝나는 것이 아니고, 교회를 알리고, 나아가서는 성도들로 하여금 삶 속에서 하나님 말씀을 전하도록 훈련하는 것이다.

아직까지는 일 년에 한 차례 실시되고 있지만, 연동교회 창립기념일에 전교인과 함께 실시하는 이 행사에 동참하는 교인들이 평균 300여 명 정도이다. 더 많은 교인들이 동참할 수 있도록 철저한 사전 교육과 적극적인 홍보가 필요하다. 그리고 '저런 분이 다니는 교회라면, 나도 교회에 나가고 싶다.' 라는 생각이 들 정도로 친절하고 예의 바른 교인의 모습을 갖출 수 있어야 할 것이다.

4. 이동목욕봉사와 사랑의 장바구니를 통한 전도

안양제일교회

> 한국교회는 좀더 성숙한 모습으로 지역사회를 섬기기 위해 하나님께서 공급하시는 능력을 힘입어 조직적이고 효율적인 체계를 구축하여 선교의 사명을 감당할 수 있어야 한다.

교회가 찾아가는 섬김을 실천하며 전도의 열매를 얻는 이 프로그램은 비용과 봉사자의 수요가 적절히 공급되어야 한다. 기간과 연계성면에서 높은 효율성을 자랑하는데, 교회가 사회에 할 수 있는 다양한 봉사를 시도함으로써 우리의 관심을 끈다.

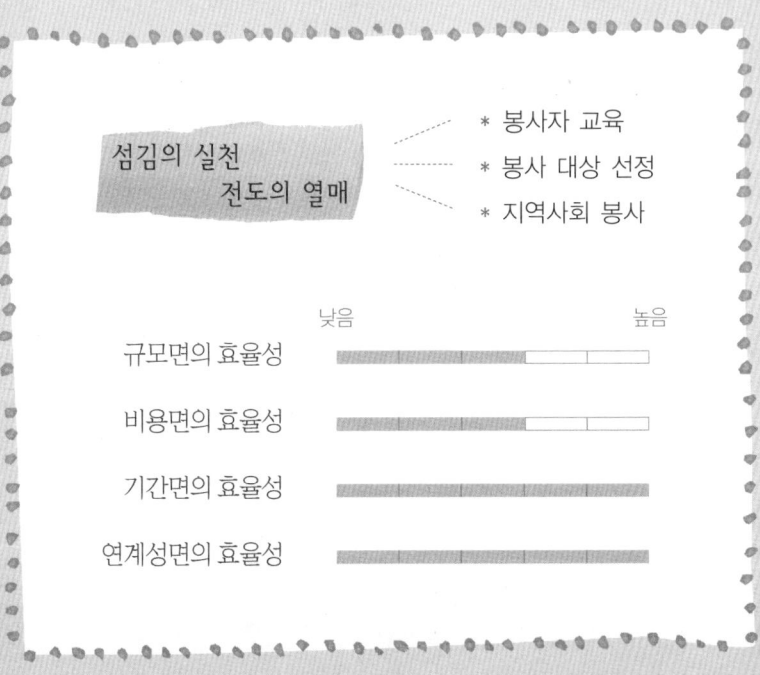

누가복음 10 : 30~37을 보면 '선한 사마리아인'의 비유가 나온다. 예수님께서 이 말씀을 하게 된 계기는 29절에 나오는 율법교사의 질문 때문이었다. "그러면 내 이웃이 누구니이까?" 그러나 비유의 마지막인 36절에서 예수님은 다음과 같이 되물으신다. "네 생각에는 이 세 사람 중에 누가 강도 만난 자의 이웃이 되겠느냐?"

그리스도인은 '이웃을 선택하는 것'이 아니라 '이웃이 되는 것'에 큰 기쁨과 감사를 느껴야 한다. 특별히 세상 사람들은 힘 있고 권세 있는 자의 이웃이 되려고 노력을 많이 하지만 그리스도인은 강도 만난 자와 같은 '약하고 작은 자들'의 이웃이 되려고 노력할 때 주님의 마음에 합한 사람이 될 것이다.

안양제일교회는 "가서 너도 이와 같이 하라."는 주님의 말씀에 순종하여 사회적으로 소외되어 있고, 생활이 어려운 복지의 사각지대를 찾아 그들의 이웃이 되기 위해 노력하고 있다. 특별히 안양제일교회의 프로그램은 지역사회와 연계되어 실행되고 있다는 데 가장 큰 특징이 있다. 작은 구제에서 시작된 이웃사랑의 실천이 날로 확대되어 지역의 한가운데에서 주님의 사랑을 실천하고 있는 것이다.

한국교회는 좀더 성숙한 모습으로 지역사회를 섬기기 위해 하나님께서 공급하시는 능력을 힘입어 조직적이고 효율적인 체계를 구축하여 선교의 사명을 감당할 수 있도록 해야 한다. 그 대표적인 사례로 다음과 같은 내용을 소개해 본다.

1. 이동목욕봉사

2003년 12월 안양시 만안구 보건소로부터 '이동목욕봉사' 사업에 관한 참여 요청이 있었다. 이동목욕봉사는 목욕장비를 갖춘 차량이 봉사가 필요한 가정을 직접 방문하여 목욕을 시키는 것이다. 안양시 관계자의 적극적인 권유와 함께 사업의 성격이 예수 그리스도의 긍휼의 사랑과 일치되어 참여하게 되었다. 검토 기간을 거쳐 2004년 1월 긍정적인 평가를 받아 그해 2월 안양 보건소와 안양제일교회가 공동으로 실시하고, 3월부터는 독자적으로 실시하게 되어 오늘에 이르게 되었다.

초기에 교회의 광고를 통하여 봉사자를 모집하였으나 이해 및 홍보 부족으로 많은 인원이 참여하지는 못했고, 기도하던 중 날이 갈수록 기도 응답이 이루어져

현재는 남자 23명, 여자 32명, 총 55명의 봉사자들이 담임목사님의 적극적인 지원 아래 활동하고 있다.

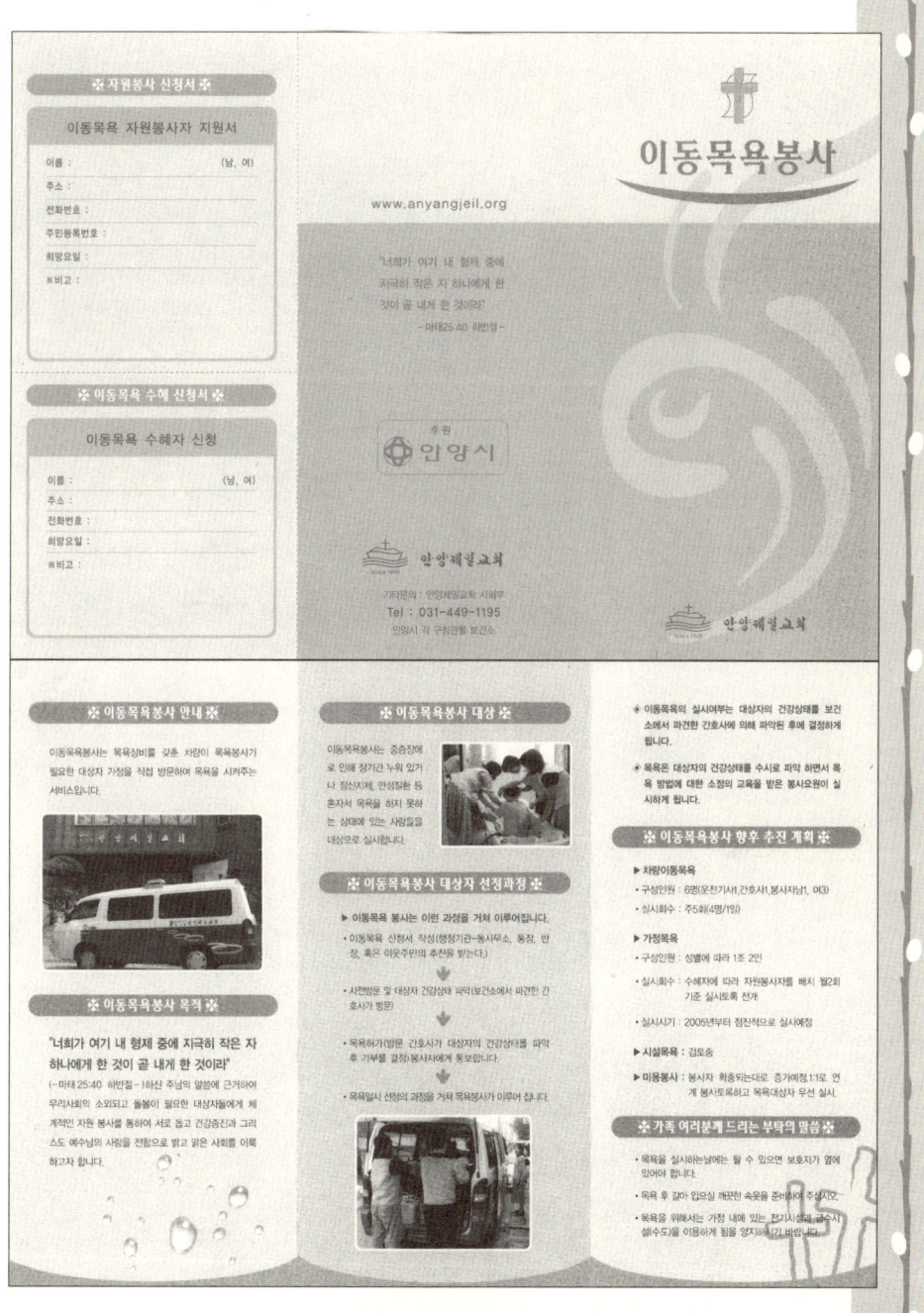

1) 목적 세우기

우리 교회는 외형적으로 급속하게 발전해 가는 사회에서 사랑과 행복을 이웃과 함께 누리며, 삶의 기본 권리를 행사하지 못한 채 소외되어 있는 중증 장애자 및 저소득층의 거동이 불편한 사람들을 체계적으로 도와주며, 사랑을 나누는 밝은 사회를 만들고, 영혼 구원의 비전과 삶의 희망을 갖게 하는 아름다운 사회를 구현하고자 노력한다.

"너희가 여기 내 형제 중에 지극히 작은 자 하나에게 한 것이 곧 내게 한 것이라"(마 25 : 40) 하신 주님의 말씀에 근거하여 우리 사회에 소외되고 돌봄이 필요한 대상자들에게 체계적인 자원봉사를 통하여 건강증진과 생활 안정을 돕고, 예수 그리스도의 사랑을 전함으로써 밝고 맑은 사회를 이룩하는 데 그 목적이 있다.

2) 조직하기

이동목욕봉사는 교회 내 긍휼사역부에 소속되어 있으며, 주 5일(월-금) 10조로 편성하여 오전과 오후에 봉사하고 있다. 남성 수혜자는 5명이 1개 조(간호사, 운전자, 남성 봉사자 3명)가 되어 봉사하고, 여성 수혜자는 6명이 1개 조(간호사, 운전자, 여성 봉사자 3명, 남성 봉사자 1명)로 봉사한다.

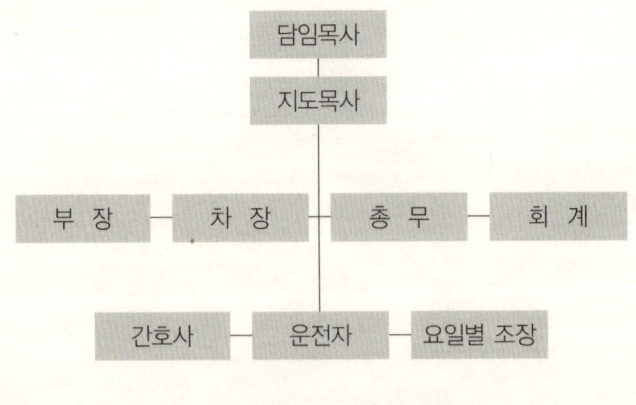

| 이동목욕봉사 조직도 |

3) 훈련하기

이동목욕봉사는 체계화된 봉사를 위하여 운영회의, 조장회의, 전체회의를 거친다. 운영회의는 보건소 관계자와 봉사팀의 임원이 참여하여 분기별(연 4회)로 첫째 주 월요일에 실시한다. 조장회의는 봉사팀의 임원과 요일별 오전, 오후팀의 조장이 참여하여 매월(연 12회) 마지막 주 월요일에 실시한다. 전체회의는 반기별(연 2회)로 이루어지게 된다. 봉사자 MT를 봄, 가을로 실시하여 친목을 도모하고, 사기를 진작시키며, 봉사자의 보건교육을 통하여 이동목욕의 현장에 효과적으로 적용토록 한다. 그밖에도 '긍휼사역학교' 교육을 통하여 이웃사랑과 헌신의 자세를 갖도록 한다(연 2회 실시). 긍휼사역학교에서는 봉사자 전원이 함께 모여 복지와 관련된 강의를 듣는다. 사회봉사부에서는 부문별 설명회 자료집(봉사 이력, 봉사자 현황, 주요 업무, 봉사 대상자 현상, 일일 봉사 시간, 봉사 도구 및 시설)을 발간하여 사역을 나누고, 발전 계획을 수립한다.

4) 실행하기

이동목욕봉사는 주 10회(월-금/매일 오전 10 : 00-12 : 00, 오후 1 : 30-3 : 30)에 걸쳐 이루어지는데, 중증장애로 인해 장기간 누워 있거나 정신지체장애자, 만성질환 등 혼자서 목욕이 불가능한 환자를 대상으로 하고 있다. 이동목욕 서비스 의뢰가 들어오면 대상자의 건강 상태를 간호사가 확인한 후에 봉사 여부를 최종 판단·실시하게 된다. 목욕은 대상자의 건강 상태를 수시로 파악하면서 목욕 방법에 대한 교육을 받은 봉사요원이 실시하게 된다. 봉사자들은 수혜 대상자의 가정 사정에 따라 집 안에 욕조를 설치하기도 하고, 가정에 설치되어 있는 욕조에서 목욕봉사를 실시하기도 하며, 침상목욕을 하기도 한다. 대상 선정을 통하여 현재 수혜를 받는 인원은 이동목욕 80명, 재가(가정)목욕 12명이다.

● 이동목욕봉사의 운영 원칙
1. 범종교적인 봉사활동 전개로 소외된 이웃사랑 실천
2. 체계적인 자원봉사자 활동 전개
3. 안양시와 협조하여 대상자 가족 건강 상담 및 건강 증진 연계사업 추진
4. 영혼구원을 통한 예수 그리스도의 영접

● 이동목욕봉사의 선정

1. 이동목욕 신청서 작성
2. 사전 방문 및 대상자의 건강 상태 파악
3. 목욕 허가(방문 간호사가 대상자의 건강 상태를 파악한 후 규정에 따라 가부 결정)
4. 이동목욕봉사팀에게 통보

● 이동목욕봉사의 과정(수혜자 1인 - 월 2회 기준)

1. 간호사가 수혜자의 가정에 연락을 취하여 일정을 알려 준다.
2. 봉사자들이 정해진 시간과 요일에 이동목욕봉사실에 모여서 함께 기도를 하고, 수혜자의 가정으로 출발한다.
3. 집에 도착하여 간호사가 수혜자의 건강 상태를 체크한다(혈압, 혈당 등).
4. 목욕 전에 봉사자들이 함께 기도한다.
5. 이동목욕 차량에 운반해 간 욕조와 목욕용품 등을 설치한 후 목욕을 실시한다.
6. 목욕 후에 수혜자 및 가족과 함께 기도로 마무리한다.

　이동목욕봉사를 할 때에는 보호자가 옆에 있는 것을 원칙으로 하며, 목욕을 위해 가정 내에 있는 전기시설과 급수시설(수도)을 이용하게 되는 것을 미리 알려 양해를 구한다. 이 외에도 재가(가정)목욕은 2명이 1개 조로 편성하여 수혜자 가정의 시설을 이용하여 실시한다. 비품 및 소모품은 이동목욕팀에서 준비해 간다.

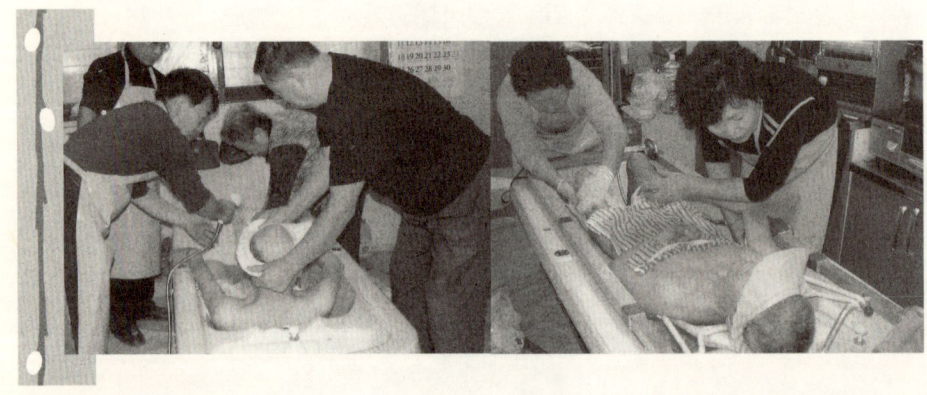

5) 재정 운영하기

이동목욕봉사는 특성상 고정적인 비용이 발생하게 된다. 이동목욕봉사 시 들어가는 비용은 안양시의 보조금과 교회 지원으로 이루어지게 된다. 인건비, 차량운영비(차량 정비, 유류대), 일반운영비(목욕용품 구입, 연 2회의 봉사자 교육비), 사업비(연 2회의 수련회, 봉사자 운영비 및 활동비) 등의 비용이 발생하게 된다.

2. 사랑의 장바구니

2005년 4월 이랜드 복지재단으로부터 '사랑의 장바구니' 사업의 협조 의뢰가 있어, 우리 교회에서 이를 적극 수용하여 실시하게 되었다. 먼저 지체장애자 및 경제적으로 어려움을 겪고 있는 50가정을 선정하여 월 4만 원 상당의 생활필수품(식품, 의류, 기타 등)을 수혜자의 요구에 따라 봉사자가 구매하여 전달하였다. 그로부터 2년간 사랑과 은혜를 나누는 귀한 사역을 잘 감당하였으나, 이랜드의 사정으로 인해 재정적인 지원을 받을 수 없게 되어 중단될 처지에 놓였다. 그러나 당회의 결의에 따라 교회 자체적으로 30가정을 선정하여 계속 지원하게 되어 오늘에 이르렀다.

1) 목적 세우기

"네 이웃을 네 자신과 같이 사랑하라"(마 22 : 39) 하신 주님의 말씀에 순종하여 육체적, 경제적으로 어려운 가정을 방문하여 그리스도의 사랑을 전하며, 따뜻한 대화를 통하여 외로움을 달래 준다. 또한 이들의 어두운 부분을 위로해 줌으로써 삶의 희망과 용기를 북돋아 주고, 궁극적으로는 예수 그리스도를 영접하게 함으로써 구원의 삶으로 이끄는 데 그 목적이 있다.

2) 운영하기

봉사자 2명을 1개 조로 하여 매월 1회씩 월 4만 원 상당의 생활필수품을 수혜

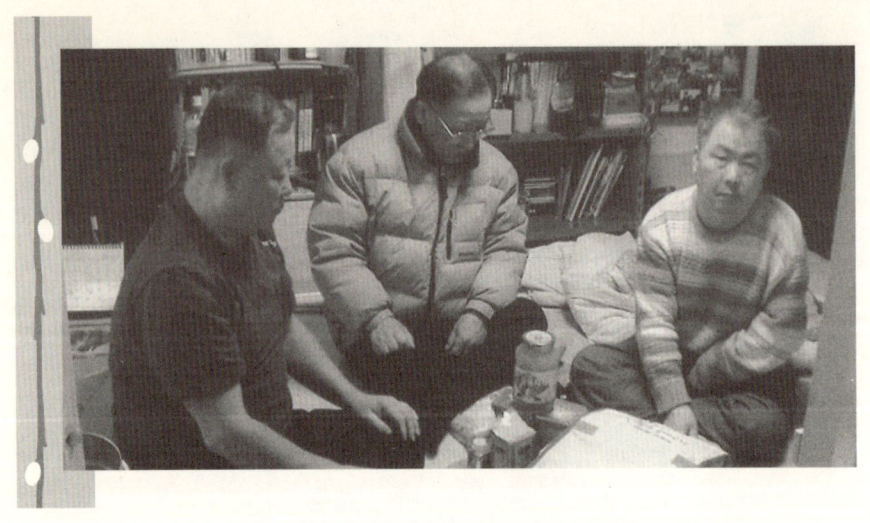

자의 요구에 따라 봉사자가 대신 구매하여 각 가정에 전달한다. 이때 수혜자와 봉사자 간의 친밀한 대화가 이루어지며, 봉사자는 수혜자의 가정의 형편을 살펴보면서 돌보아 주는 다양한 역할을 하기도 한다.

3. 목회자가 말하는 지역 섬김

우리 교회는 사회와 어우러져 봉사하고 헌신함으로 예수님의 사랑을 실천하고자 노력하고 있다. 교회가 감당해야 될 중요한 사명 가운데 하나는 그리스도의 사랑을 가지고, 이웃을 섬기며, 하나님의 나라를 확장하는 것이다. 그리스도께서 섬기기 위해 이 땅에 오셨듯이, 교회는 주님께서 이 땅에 다시 오실 때까지 이 사명을 위해 최선을 다해야 할 것이다. 우리 교회에서는 이를 위해 작은 구제에서 시작된 이웃사랑의 실천이 이동목욕봉사, 사랑의 장바구니 등 다양한 섬김의 장으로 확대되고 있다.

우리 교회의 지역 섬김은 긍휼사역학교나 연간 실시하는 보건교육 등을 통해 담당자를 교육하고, 실무적인 훈련을 할 수 있도록 돕는 장점이 있다. 반면 간혹 자원봉사자가 부족하여 봉사 지원 시 충분한 훈련과정을 거치지 못하고, 실전에 투입

되는 경우가 있다. 그러므로 동기를 부여하는 데 힘쓰고, 봉사로 인한 기쁨과 감격을 전하여 많은 사람들의 참여를 적극적으로 이끌어 내야 할 것이다.

교회 현장의 목소리

세상에는 빈부가 섞여 살아가고 있듯이 장애자와 보통 사람들이 함께 살아가고 있지요. 이들 중에는 건강치 못한 환자들이 뇌경색, 류마티스, 관절염, 뇌성마비, 교통사고 후유증 등으로 연일 고통 속에서 신음하고 있으며, 나이 들어 거동이 불편한 노인들도 많이 있습니다. 보통 사람들에 비추어 육체적으로, 때로는 정신적으로도 자유롭지 못하니 세상에서 소외되고 있지요. 그리고 충분한 복지 혜택을 누리지 못하므로 이웃의 따뜻한 손길이 절실하게 필요합니다.

이분들을 보고 나의 작은 손길을 원하는 분들을 찾아다니며, 힘든 줄 모르고 목욕봉사를 하노라면, 땀과 힘은 빠질지라도 기쁨과 즐거운 보람을 흠뻑 맛볼 수 있습니다. 이렇게 봉사한 지 벌써 3년이 훌쩍 지났지요. 목욕봉사를 할 때마다 수혜자께서 하루 속히 자유롭게 거동하였으면 하는 바람으로 그분들의 건강 회복을 위해 주님께 치유 역사를 간절히 기도를 드립니다. 그래서 "목욕봉사는 우리들이! 건강 회복은 하나님이!" 이런 구호를 만들어 보았지요.

이동목욕봉사 초창기, 어느 집에서 욕조 안에 체구가 엄청나게 큰 남자를 뉘이고, 머리부터 하체까지 온몸을 구석구석 깨끗이 닦아 주고, 허리를 펴는데 그분이 나의 손을 꼭 잡고 "수고했수. 목욕 한번 잘했네요." 하며 너털웃음을 지어 함께 웃음으로 끝낸 적이 있지요.

목욕 수혜자 만족! 목욕 봉사자 만족! 주님의 발자취 따라 나선 작은 봉사의 길, 오늘도 겸허한 자세로 조심스럽게 감당하려 합니다. 사랑과 친절, 그리고 따뜻한 마음으로 주님의 사랑을 전해야 한다는 것을 늘 가슴에 담고, 건강을 허락하시는 날까지 봉사하겠다는 마음으로 의욕이 넘칩니다. 이렇게 나서도록 이끌어 주시는 하나님께 감사를 드립니다.

— 박동민 안수집사

처음 장바구니를 접하고, 반가운 마음으로 봉사하게 되었습니다. 예수님께서 저에게 보내 주신 분은 석수 2동 이정순 할머니셨습니다. 할머니는 너무 고우신 분이셨지만 거동이 힘드셔서 불편함이 많으셨습니다. 그래서 할아버지께서 많은 일을 하고 계셨습니다. 할머니, 할아버지께서는 매달 가는 장바구니 봉사에 대해 너무 고마워하시며 이 은혜를 어떻게 갚느냐는 말을 자주 하셨고, 그때마다 할머니, 할아버지에게 예수님을 믿으면 된다며 복음을 전하려고 했습니다.

그런데 장바구니 봉사를 갈 때마다 "예수님 믿으세요." 하니까 할아버지는 장바구니 봉사 때가 되면 집에서 자리를 비우시는 것이었습니다. 그래서 이렇게는 전도가 안 될 것 같아서 말로 하는 전도보다 몸으로 하는 전도로 작전을 바꿨습니다. 내가 가장 잘하는 것이 무엇인지 생각해 보니 음식에 자신이 있어, 음식으로 마음을 바꿔 보자고 생각했습니다. 처음에는 소화가 잘 안 되신다는 할머니에게 동치미 김치를 담아 가고, 그 후에는 좋아하시는 반찬을 만들어 가고, 수제비나 떡국도 만들어 갔습니다. 그러자 할아버지도 장바구니 봉사가 기다려지시는지 자리를 비우지 않으셨습니다. 매번 할머니께서는 이 은혜를 어떻게 갚느냐는 말씀을 하셨고, 저는 한결같이 지나가는 말로 "저는 두 분이 예수님만 영접하시면 되요."라고 말하고, 강요는 하지 않았습니다.

그런데 너무나도 감사한 일이 일어났습니다. 할아버지께서 예수님을 영접하셨다는 것입니다. 너무나 감사했습니다. 할아버지가 연세가 많으셔서 우리 교회까지는 오는 것이 힘들어 집 앞 교회로 나가십니다.

지금은 할아버지가 더 바뀌셨습니다. 매 주일 제가 선물로 드린 성경책을 들고 교회에 나가시는데, 아침 일찍 일어나 깨끗이 씻고, 면도도 하고, 예배 시간보다 빨리 가서 예배 드릴 마음의 준비를 하신다는 말을 들었습니다. 더 큰 변화는 명절에 제사 지내러 가지 않으신다는 것입니다. 그 말씀을 들었을 때는 이제 저의 할 일을 다한 것 같았습니다. 할아버지가 예수님을 마음속 깊이 영접하신 것 같아서입니다.

예전에는 할아버지, 할머니가 예수님을 영접해서 제가 할아버지, 할머니께 감사했는데, 이제는 할아버지, 할머니께서 저에게 감사해 하십니다. 저 때문에 예수님 믿어 천국 가게 됐다고, 몰랐으면 지옥 갔을 것이라고 말씀하시는 할아버지의 순수한 말씀에 너무나 기쁨이 넘칩니다.

- 이광자 집사

긍휼사역은 주님의 마음을 본받는 것이다. 주님께서 우리를 먼저 사랑하시고, 먼저 구원하여 주시고, 먼저 자녀 삼아 주신 것처럼 우리도 사역을 감당할 때 조건을 내세워서는 안 될 것이다. 또한 긍휼사역은 주님의 사랑을 힘입어 감당해야 한다. 우리의 노력과 우리의 자랑이 조금이라도 개입된다면 여기에 하나님의 역사는 나타나지 않을 것이다. "세상 모두 사랑 없어 냉랭함을 아느냐"라는 찬송가 가사와 같이 세상에 사랑이 식어 간다고 한탄하는 이때에 교회만이 유일한 희망이 되어야 한다. 먼저 따뜻한 사랑의 손을 내밀어서 사람들의 상한 마음과 영혼을 치유하고 정성으로 그들을 섬길 때 '하나님 나라 확장'이라는 놀라운 역사가 일어날 것이라고 확신한다.

제3편
전도와 양육

5. 구역조직과 총동원전도
　_ 광주성안교회

6. 사랑의 동산과 맞춤형 전도
　_ 분당제일교회

5. 구역조직과 총동원전도

광주성안교회

> 목회자의 비전을 평신도 지도자들과 함께 나누는 교회는 성장하는 교회이다. 혼자 일하지 않고 팀으로 일하는 교회는 건강한 교회이다.

전도교육과 총동원전도를 통해 지속적으로 발전하는 이 프로그램은 규모와 비용, 연계성에서 효율성이 높고, 어느 교회에서나 충분한 훈련과 준비를 통한 활용이 가능하다. 또한 평신도 사역자를 양성하고, 전도와 성장을 이루는 데 큰 도움이 된다.

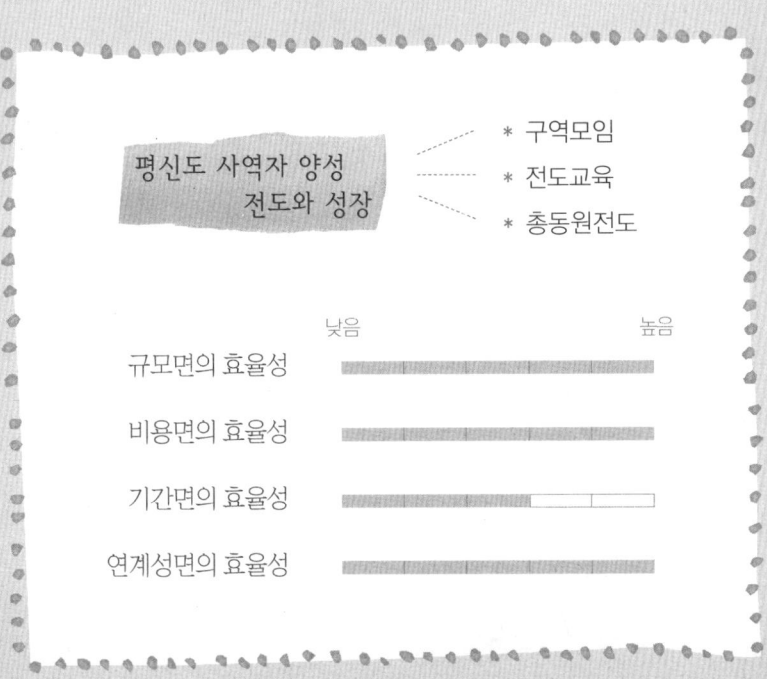

지금까지 한국교회의 목회는 새벽기도회, 심야기도회, 심방, 설교 등의 목회 구조를 통해 성장해 왔다. 이런 전통적인 목회 구조는 21세기에도 계속해서 영향을 미칠 것이다. 그러나 21세기는 보다 거대한 인간 교류, 속도감의 증대, 그리고 정보의 발달로 인해 목회 패러다임의 변화를 가져오고 있다. 그런 의미에서 미래 교회는 평신도 사역이 극대화될 것으로 예상된다. 카리스마적 목회자의 출현보다 평신도 사역이 극대화되고, 평신도 사역을 통한 교회 성장을 도모하게 될 것이다. 따라서 교회는 소그룹을 통한 교회 활동을 강조하고, 목회자는 평신도 훈련을 위한 일에 많은 시간과 힘을 투자해야 할 것이다. 그러므로 평신도는 미래 교회에서 목회의 동역자로서의 관계와 개념으로 발전할 것이다.

따라서 평신도 사역은 교회의 절대적 필요로 인식되어야 한다. 그러나 평신도 지도자는 저절로 생기지 않는다. 끊임없이 찾고 훈련해야 한다. 평신도 전체를 총동원하여 교회를 '사역공동체'(ministry community)로 만드는 것이 필요하다. 목회자의 비전을 평신도 지도자들과 함께 나누는 교회는 성장하는 교회이다. 혼자 일하지 않고 팀으로 일하는 교회는 건강한 교회이다. 목회자를 닮은 평신도가 많은 교회는 부흥하는 교회이다. 작은 교회(소그룹)를 많이 만들고, 작은 목회자(평신도 사역자)를 많이 키우는 교회가 되어야 한다. 건물 안에 갇혀 있는 교회가 아니라 건물 밖에 흩어져서 끊임없이 새로운 믿음의 공동체를 만들어 나가는 교회가 21세기를 책임질 것이다.

이런 관점에서 교회 성장은 목회자가 평신도를 얼마나 잘 동원하고 활용하느냐에 달려 있다. 평신도를 활용하는 가장 좋은 방법은 구역조직을 극대화시키는 것이다. 여기서 구역이란 우리가 흔히 생각하는 집에서 모이는 구역예배 이상의 것이다. 여러 계층의 사람들을 끌어들이는 일종의 소그룹 혹은 자석집단(magnetic group)을 의미한다. 새 시대의 새 교회는 감옥과 같이 사람들을 교회당에 가두어 두는 교회가 아니라 중앙집권에서 탈피하여 현장목회로 분산하는 것이 필요하다. 그런 면에서 구역은 단순한 조직 이상의 '영적 생명체 운동'이라고 할 수 있다. 이런 시대적 요구에 따라 광주성안교회는 평신도 중심의 구역조직을 통한 전도를 지향해 왔다. 이러한 구역전도의 실천을 위한 구체적 방법과 이것이 극대화되어 나타나는 총동원전도를 소개하고자 한다.

1. 프로그램을 시작하기 전에

우리 교회에는 구역모임을 통한 소그룹 '구역전도'와 전도대원을 중심으로 이루어지는 '총동원전도'가 있다. 구역전도는 구역모임을 구축하고, 그 모임을 통한 관계전도를 하고 있으며, 전도대원을 통한 총동원전도는 부활절과 추수감사절 기간을 중심으로 이루어지고 있다.

1) 전도에 대한 오해 풀기

구원에 대한 확신이 분명한 사람은 좀더 효과적인 전도의 결과를 위해서 전도 방법에 대한 교육과 훈련을 받아야 한다. 실제로 교육과 훈련을 받지 않더라도 전도를 할 수는 있다. 그러나 교육과 훈련이 없으면 전도에 성공할 수 있는 비율이 희박해지며, 전도하는 과정 속에서 생기는 여러 문제를 극복하는 데 긴 시간이 걸린다. 그러므로 우리 교회에서는 세미나와 제자훈련의 형태로 구역원과 전도대원들을 모아 훈련시킴으로써 효과를 거두고 있다.

믿지 않는 사람을 교회 안으로 인도해 오는 과정이 본 훈련의 주된 내용이다. 사람들은 흔히 전도가 믿지 않는 사람을 교회로 인도하기만 하면 되는 것이라고 생각하고, 전도자의 책임은 거기서 다 끝난다고 생각한다. 그러나 실제는 절대 그렇지 않다. 여기서는 두 가지 사실에 대해서 깊이 알고 있어야 하기 때문이다.

첫째, 상대편을 교회로 인도해 오는 일은 쉬운 일이 아니다. 평소에는 나와 가까워서 내가 무슨 말을 해도 잘 듣던 사람이 교회에 나가자고 하면 그 말만은 절대로 받아들이려고 하지 않는다. 아무리 상대방에게 좋은 인상을 가지게 하고, 선한 일로 상대방을 감동시키려고 노력해도 결과는 퍽 신통치 않다. 따라서 전도를 시작하기 전에 성령체험을 분명히 해야 한다(행 1 : 8). 성령의 능력을 경험하기 전에는 절대로 상대방을 교회로 이끌 수 없기 때문이다. 설령 교회로 인도하더라도 상대방은 곧 교회 오는 일을 그만두고 말 것이다. 강력한 성령체험을 위해 기도회를 병행해야 한다.

둘째, 전도가 믿지 않는 사람을 교회로 인도해 오는 것에서 끝나는 것이 아니고, 그것이 전도의 시작임을 알린다(마 10 : 38). 우리가 전도에 실패하는 이유가 바로 여기에 있으며, 교회가 성장하지 못하는 결정적인 이유가 바로 여기에 있다. 이 훈련과정을 공부시키는 내용도 이 때문이다. 많은 사람들이 믿지 않는 사람을 교회로 인도해 본 경험이 있을 것이다. 여기서 문제는 새 교우가 얼마 후 다시 교회를 빠져나간다는 것이다. 결국 전도자의 수고가 헛된 것이 되어 버리고, 교회도 성장하지 못하게 된다. 따라서 교인들이 새 교우를 돌볼 수 있는 일꾼으로 변화시키는 데에 본 훈련의 주안점이 있다.

2) 지도자 준비시키기

평신도를 지도자로 세우기 때문에 먼저 그들을 양육하는 지도자를 준비시키는 것이 중요하다. 지도자를 준비시키기 위해서는 다음과 같은 사항에 유의하도록 한다.

첫째, 지도자는 부모가 자녀에게 하듯 일반 회원들에게 사랑과 수용의 자세를 가지고 대화해야 한다. 때로 지도자는 격려를 아끼지 않아야 할 필요성이 있는데, 그룹도 개인처럼 칭찬과 격려를 받고자 하는 욕구가 있기 때문이다.

둘째, 자녀를 바르게 사랑하는 부모가 자기 아이를 위하여 엄격한 제재를 가하듯 지도자는 필요할 때 "아니오." 하기를 두려워해서는 안 된다.

셋째, 지도자는 말과 행동으로 개인들의 가치를 인정해 주는 것을 보여 주어야 한다. 이러한 행동은 그룹에 흥미를 잃었던 개인에게도 새로운 관심을 넣어 주어서 적극적인 참여의식을 높일 수 있다.

넷째, 그룹 지도자는 좋은 부모와 같이 회원들로 하여금 책임과 지도력을 분담해서 지도하도록 해야 한다. 그룹 성장과 함께 회원들의 독립심을 길러 주어야 한다.

다섯째, 지도자는 정직하고, 친교가 일어나도록 하며, 친교를 발전시키는 데 책임의식을 가져야 한다.

여섯째, 지도자는 회원들이 서로서로 섬기며 기쁨을 얻을 수 있도록 분위기를 잘 조성해야 한다.

일곱째, 지도자는 지식을 전달하거나 경험을 통하여 그룹을 인도하는 것 이상으로 그룹 회원의 성장을 도와야 한다.

여덟째, 지도자는 토론과 대화로써 그룹 과정에 참여해야 한다. 지도자의 참여를 통해 참된 배움의 형태인 그룹 중심의 경험이 이루어지는 것이다.

아홉째, 지도자는 한 사람이나 몇 사람에 의해 토의가 독점되는 것을 막아야 한다.

열째, 지도자는 성령의 역사가 회원들 안에서 일어나고 있음을 믿고, 토의가 이루어지는 동안 인내심을 가지고 기다려야 한다.

열한째, 무엇보다 지도자는 성령께서 그룹과 개인들 가운데 역사하심을 믿고 관심을 가지되, 늘 과제보다는 사람에게 관심을 두어야 한다.

열두째, 지도자는 기지와 유머 감각이 있어야 한다.

3) 프로그램 이해하기

믿지 않는 사람을 교회로 인도하고 난 다음, 나는 그의 영적인 부모이고 그는 나의 영적인 자녀임을 받아들여야 한다. 이 일은 교회의 목사, 전도사가 하는 일이 아니고, 전도자 자신이 하는 일임을 깨닫는 것이다. 상대편을 교회로 인도한 순간부터 신자는 예수님으로부터 "영적인 부모가 되라."는 명령을 받았다고 하는 것을 가르치고 훈련시킨다.

구원에 대한 도리를 가르친 후에는 교회생활 전반에 걸친 교육을 할 수 있도록 훈련시킨다. "예배는 왜 꼭 참석해야 하는가?", "기도는 왜 해야 하는가?", "성경을 왜 읽어야 하는가?", "죄를 멀리하는 방법은 무엇인가?", "성령을 체험하는 일은 무엇인가?" 등에 대해서 교육할 수 있는 사람이 되도록 훈련시키는 것이다.

상대방이 분명한 구원을 경험하고, 그 밖의 모든 교회생활을 알게 된 후에는 마지막으로 같이 전도하는 일을 실천할 수 있어야 한다. 새로운 신자도 성숙해지면, 영적인 부모 노릇을 할 수 있게 훈련되어야 한다. "체계적으로 성숙한다."는 말의 의미는 결혼하여 자식을 낳는다는 것이다. 영적으로도 마찬가지이다. 영적으로 어린 교인이 우리의 보살핌과 교육을 통해서 영적으로 성숙하여야 하고, 그 후에는 영적인 부모를 떠나서 홀로 영적인 자식을 낳을 수 있어야 한다. 그리고 이러한 일련의 행위들이 교육 안에서 움직이도록 하기 위해 전도 세미나를 연다.

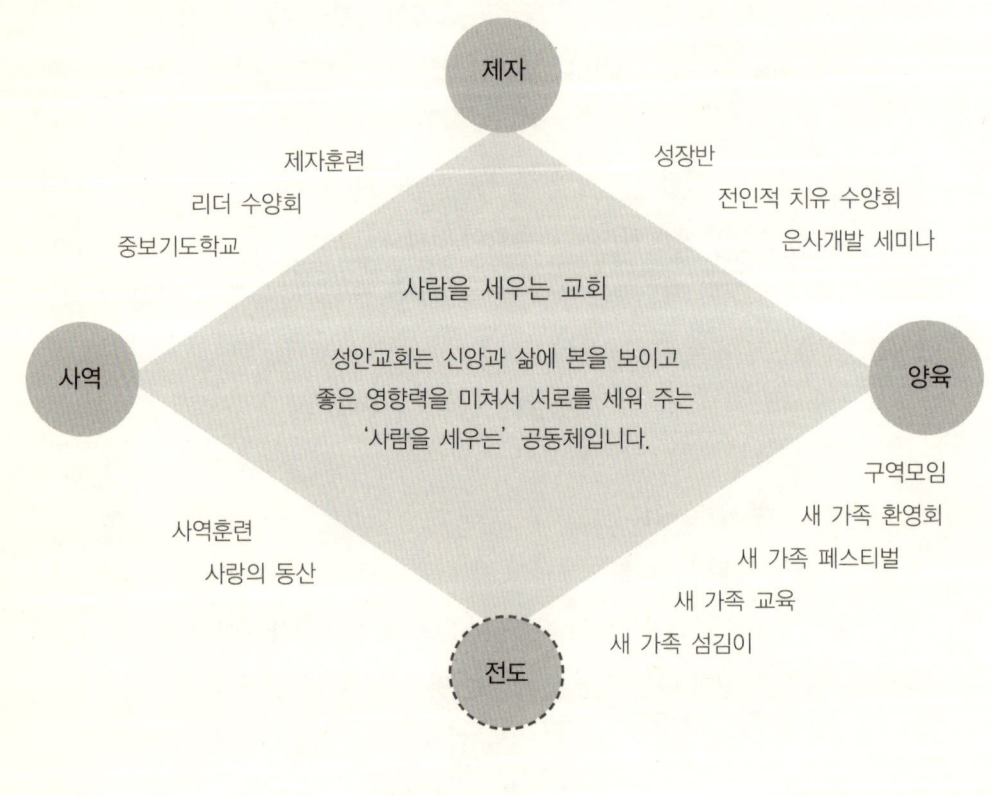

| 성안교회 훈련 시스템 |

● 교육 내용

- 새 교우 교육과정(3주)

초신자들과 전입 신자들을 위한 정착 및 기초교육 과정이다.

"예수님은 누구신가?", "성경은 어떤 책인가?", "교회란 무엇인가?", "신앙생활은 어떻게 할 것인가?"를 중심으로 교재를 만들어 새 교우가 등록하여 체계적으로 양육 받을 수 있도록 돕고 있다.

- 성장반(14주)

　누구나 자유롭게 신청할 수 있는, 기독교 신앙의 기초를 배울 수 있는 성경공부 프로그램이다.
- 평신도를 세우는 제자훈련(33주)

　하나님의 자녀들이 말씀과 성령의 능력으로 양육되어 성숙한 그리스도의 제자로서의 삶을 살며, 교회를 섬기고, 각 분야에서 봉사하며, 세계 비전의 주역이 되도록 훈련한다.
- 전인적 치유 수양회(연 3회)

전인적인 치유가 일어나는 수양회로 영적, 심적, 육적인 치유가 일어난다.
- 중보기도학교(연 3회 4주)

중보기도의 가치를 발견하고, 하나님이 기뻐하시는 중보기도자로 세운다.
- 은사개발 세미나(전교인 대상 연 3회 1일)

성도들의 은사 발견 및 사역 배치를 돕는 사역이다.
- 사랑의 동산

이 땅에 세워질 하나님의 나라와 영성을 꿈꾸는 영성훈련 프로그램이다.

● 화요 전도대 교육

화요일은 전도대원으로 선발된 사람들이 약 2시간 동안 전도에 필요한 교육을 받는다. 누구나 참여하여 전도교육을 받게 하고, 전도현황을 보고 받고, 전도물품과 필요한 것들을 서로 확인한다.

● 구역모임 활성화를 위한 교육

매주 수요예배 후 교구장과 구역장들은 구역예배에 필요한 교육을 받는다. 이 교육을 통해서 구역모임에 전반적인 활동 상황을 보고 받고, 점검하며, 구역모임 전도에 필요한 모든 준비를 하도록 한다.

● 수요 제자훈련

전도자들의 신앙훈련, 새 교우들의 교회 정착을 위한 훈련 등을 실시함으로 수요일 오전은 충전하고 생각하는 시간을 가진다. 이 훈련을 통해서 가장 원초적인 신앙의 마음을 스스로 돌아보고 확인할 수 있는 시간이 되도록 한다.

2. 구역전도

1) 목적 세우기

구역모임의 목적은 다음과 같다. 첫째, 하나님께 예배 드리기 위함이다. 둘째, 하나님의 말씀을 배우기 위함이다. 셋째, 성도의 교제를 위함이다. 넷째, 복음전도를 위함이다. 다섯째, 초신자들의 신앙성장의 양육 장소이다. 구역모임을 통해 예배의식을 배우게 되며, 평소에 의심나는 진리에 대하여 배울 수 있고, 교회생활에 적응하는 법을 배우게 되면서 신앙이 성숙된다.

2) 구역모임 계획하기

구역모임은 3일(목, 금, 토) 중에서 구역원들이 가장 좋은 날로 선택하게 하며,

더 나아가 시간대(오전, 오후, 저녁 등) 역시 자유롭게 선택한다. 그리고 교구장과 담당교역자는 구역모임에 도움 요청이 있으면 참석하여 새 교우를 환영하거나 구역원 심방을 한다. 또한 토요일과 주일은 직장 때문에 훈련에 참가하지 못한 사람들을 중심으로 반복되는 훈련을 지속적으로 한다.

담임목사는 이사심방과 등록심방(새 교우가 처음으로 자신의 가정을 오픈하는 날), 급박한 요청이 있는 심방을 중심으로 심방한다. 그리고 부교역자들은 구역원들과 함께하면서 매일 각 구역을 심방하고, 구역장들을 돕는다. 또한 약 10개 구역장들의 모든 상황과 구역원들의 가정형편 등을 살피는 평신도 교구장과 약 10개 구역모임의 전도 상황과 새 교우 준비 상황을 파악하는 전도회장은 담당 교구 부교역자에게 알려 미리 새 교우를 준비시키고, 정착하는 데 최선을 다하고 있다. 따라서 구역심방과 구역원 가정심방은 담당교역자, 교구장, 전도회장을 중심으로 심방이 이루어지고 있다.

3) 건강한 구역모임 만들기

소그룹 혹은 구역(Cell)이 활성화되기 위해서는 다중적 리더십이 필요하다. 즉, 전체를 관장하는 '교구장'(leader) 외에도 회원들을 개인적으로 돌보는 '섬김이'(shepherd)가 있어야 하고, 비신자들을 끌어 오는 은사를 가진 '전도자'(evangelist)가 있어야 하며, 장소와 음식을 제공하는 '초청자'(host)가 필요하고, 또한 말씀을 가르치는 '인도자'(teacher)가 함께 있어 일종의 팀 사역이 가능해야 건강한 구역의 기능을 담당할 수 있다.

진행은 이렇게

전도를 위한 효과적인 구역모임 진행을 위해서는 자주 모임시간이 바뀌면 모임이 약해진다는 것을 염두에 두고, 장소를 미리 정하여 시간과 함께 사전에 알려주어야 한다. 또한 구역예배가 너무 길게 진행되지 않도록 한다(1시간 내외). 예배의 사회는 구역장이나 부구역장이 맡고, 기도는 서로 돌아가면서 한다. 구역장은 충분한 기도로 말씀을 준비하여 전한다(수요기도회 참석 훈련). 구역헌금은 경건히 관리하되 급한 사정이 있다 하여 쓰는 일이 없어야 하고, 모인 가정에 경제적 부담을 주지 말아야 한다. 친교를 중심으로 결속을 든든히 하고, 말씀 없이 오락적인 분위기로만 흐르지 않도록 유의한다. 구역 전원이 전도를 위해 힘을 합해야 한다. 구역원의 각 가정을 위하여 합심하여 기도하고, 성령님께 맡긴다(영적 분위기 조성). 다음 구역예배 기도자를 미리 알려 주어 준비하게 하고, 전도의 목표를 정하고 대상자를 위하여 합심기도하며, 초청하여 함께 예배 드린다.

구역장은 이렇게

구역장은 매일 구역을 위해 기도해야 하며(이름 외우기), 상황을 항상 살펴서 신속히 교회에 보고해야 한다(구역원의 말 들어 주기). 항상 교회 편에 서서 모든 일을 긍정적으로 처리해야 하며(저항감을 주지 말고 감사로 할 수 있도록 유도한다.), 결석 교우들에게는 즉시 주보(혹은 설교 테이프)를 전달하고, 구역원과 정신적 친교를 유지해야 한다. 자신이 영적 간호사라는 생각으로 심방은 부지런함으로 해야 하며, 교우들의 문제해결을 우선순위에 두고 힘써야 한다.

교구장은 이렇게

교구장은 구역장을 중심으로 구역을 돌보며 기록과 보고, 연락 등을 신속히 처리해야 한다. 까다로운 지도자가 되지 말고 사랑과 겸손으로, 지시적인 언어보다는 여유 있는 언어로 설득해야 하며, 언제나 자신의 좌절감을 극복하고 주님을 의지하면서 사명 주신 것에 대해 감사하고, 행동에 모범을 보인다.

팀 사역은 이렇게

구역모임은 2명 이상의 확실한 회원이 있어야 하고, 그룹 의식, 즉 우리의식(we-feeling)이 있어야 하며, 공동의 목표의식이 있어야 한다. 그룹의 목표를 성취하기 위해, 또한 그룹의 요구를 만족시키기 위해 상호 협조, 상호 의존해야 하며, 그룹 회원 간에 상호 소통, 상호 영향 및 상호 반응을 일으켜야 그룹이라 할 수 있다. 그룹이 된다는 의미는 또한 하나의 유기체가 되어 통일된 방법으로 행동할 수 있는 능력이 있다는 것이다. 즉, 함께 아파하고 함께 즐거워해야 한다. 각자 경험했던 일주일의 기쁨을 나누게 한다.

건전한 구역모임을 만들기 위해서는 구역원 전체가 그들이 생각하는 바를 말하며 참여해야 한다. 최후 결정은 전체 구역원이 충분히 토의하여 합의 후에 결정하도록 하고, 구역원들이 피차 상대방의 의견이나 제안을 존중하고 고려하게 한다. 구역원들이 객관적으로(사사로운 감정 없이) 구역의 목적과 과제에 대한 흥미에 중점을 둘 수 있게 해야 하며, 구역원 전체가 서로 보상해 주고 비판도 하지만 다른 구역원들을 신뢰하고 인정하면서 의견을 내놓거나 책임을 다하게 한다. 구역원으로부터 도움을 받고자 하는 개방된 마음과 의욕을 갖고, 중요한 안건에 대해 많은 시간을 사용하도록 한다. 구역원들의 행동은 항상 다른 구역원과의 관계를 염두해야 한다.

3. 총동원전도

구역전도 조직이 소극적으로 운영되다 보면 구역원들의 관리와 지도에 한정될 뿐 본래의 목적을 잃기 쉽다. 그러나 적극적으로 활동을 확대하면 지역사회의 복음화를 위해 구역원을 총동원하여 복음화에 전력을 다할 수 있다.

1) 목적 세우기

"그러므로 너희는 가서 모든 민족을 제자로 삼아 아버지와 아들과 성령의 이름으로 세례를 베풀고 내가 너희에게 분부한 모든 것을 가르쳐 지키게 하라 볼지어다 내가 세상 끝날까지 너희와 항상 함께 있으리라 하시니라"(마 28 : 19-20).

하나님께서 우리에게 주신 지상 명령인 전도, 영혼 구원의 사역은 교회가 반드시 이루어야 할 사명이다. 이는 선택사항이 아니라 하지 않으면 교회의 생명력 자체가 위협 받을 수 있는 선교의 사명인 것이다. 지상의 모든 교회는 복음전파의 사명을 감당할 때 '주님의 몸 된 교회'라는 이름에 부끄럽지 않을 수 있다.

주님의 마음을 가진 자는 전도하지 않을 수 없다. 주님은 세상의 영혼들을 구원하기 위해 스스로 낮아지셨는데, 우리가 주님의 제자라면 그 마음이 동일하게 있는 것이 당연하다. 예수님을 믿지 않는 영혼에 대한 찢어지는 마음이 전도자에게 있어야 한다.

총동원전도는 이러한 마음을 전 교회적으로 불러일으키는 운동이다. 총동원전도는 세상 속에 하나님의 복음을 선포하는 것이 그 목적이다. 교회에 한 번도 발을 디뎌 본 적이 없는 사람들을 교회로 초청해 예수 그리스도를 알리고, 고백하게 하는 운동이 총동원전도이다.

총동원전도는 외적 운동이기 이전에 내적 운동이다. 그러므로 근본적 목적은 교회 밖을 향해 선포하기 전에 교회 안에 있는 사람들에게 그리스도인은 누구나 전도자의 사명을 갖고 살아야 한다는 사실을 일깨우는 데 있다. 총동원전도는 세상 세력에 대한 하나님 주권의 회복이며, 그리스도인으로서 역할을 감당하며 살아가는 책임 있는 그리스도인이 되게 하는 데 목적이 있다.

2) 전략 세우기

총동원전도는 교회가 할 수 있는 모든 것을 동원해 불신자들을 불러 모아 복

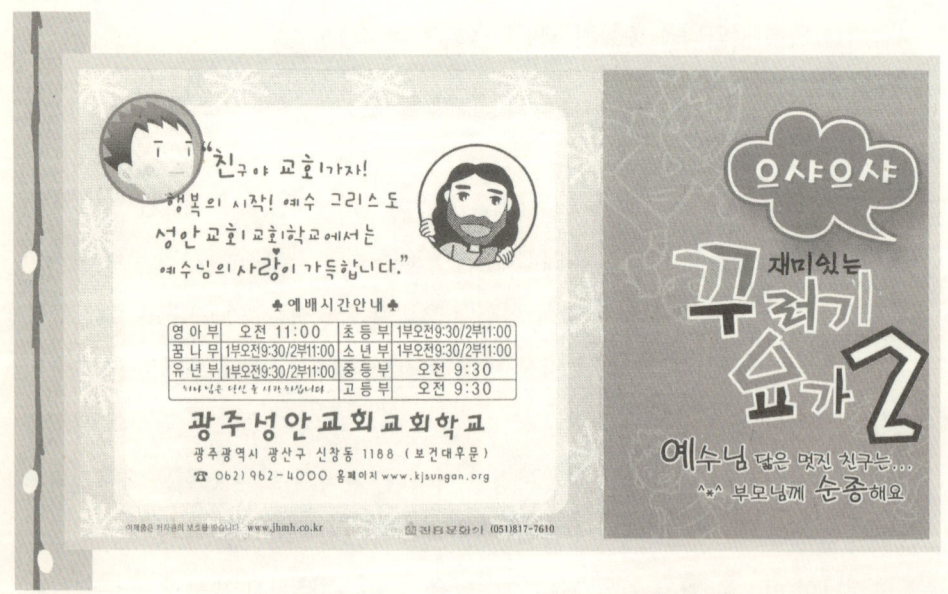

음을 전하는 일이다. 총동원전도를 하기 위해서는 우선적으로 담임목사가 구령의 열정과 총동원전도에 관한 꿈과 비전을 보유하고 있어야 한다. 이를 교인들에게 전달하고, 교회의 모든 사역 프로그램에 유효하게 적용해야 한다. 그러기 위해서는 평신도 지도자들을 지속적으로 훈련시키고 양성해서 담임목사가 가진 생명을 향한 열정과 비전을 함께 느끼고 공감할 수 있게 해야 한다.

총동원전도를 효과적으로 실행하기 위해서는 모든 교인이 한마음이 되어 총동원전도를 위해 기도하고, 전도하는 일에 동참하도록 이끌어야 한다. 모든 예배 때마다 총동원전도를 위한 합심기도를 하는 것은 물론 예배의 모든 순서를 총동원전도에 초점을 맞출 필요가 있다. 더 나아가 교회의 모든 행사도 총동원전도가 최우선 순위가 되어 진행되도록 해야 한다.

총동원전도의 효과를 높이기 위해서는 행사의 눈높이를 불신자들에게 맞추어야 한다. 교회의 장식이나 선물 등도 새로 온 사람들에게 경건성을 잃지 않으면서도 친숙한 것으로 간단하고 깔끔하게 준비한다. 예배 또한 처음 교회에 오는 사람들이 너무 소외당하지 않도록 '열린 예배' 형식을 도입하는 것도 좋은 방법이 된다.

또한 총동원전도를 효과적으로 하기 위해서는 전 교회의 조직이 하나 되어 총동원전도를 위해 필요한 부분을 나누어 맡아 책임 있게 수행할 수 있게 한다. 계획적인 홍보 전략을 세우고, 일정 기간 전도에 집중할 수 있도록 한다.

3) 진행 계획 세우기

(1) 진행 사항

진행 사항	세부 내용
홍보	주보에 7주 전부터 홍보한다. 플래카드 및 포스터를 부착한다(교회 안팎, 마을 중심지 2-3곳). 전도 성구를 부착한다(교회 안팎 및 화장실, 그리고 성도들의 집 대문까지).
기도회	50일 릴레이 금식 기도회를 진행한다. 마지막 10일간 밤 8시에 기도하고, 부흥회(전교인 동참)를 열고, 전도 간증자를 초청한다. 각 지도자 및 교구장 기도회(매 주일예배 후 진행 상황 보고회 겸)를 연다.
태신자 작정	준비기도 기간에 설정한다(교회 벽보에 크게 게시). 노방전도 및 축호전도, 기타 다양한 접근법을 통하여 태신자를 작정할 수 있도록 전 교인이 주일 및 전도의 날(주중 하루)에 동참하고 방법론을 설명해 준다(태신자를 작정한 성도에게 선물과 축복기도로 격려, 특권 부여).
태신자 편지	이슬비 편지, 기타 전도기관에서 발행된 것을 참조하여 전달한다(전담자 조직).
태신자 방문	전교인 광고시간에 매주 훈련, 주보에 방법론을 설명한다. 매 예배 시 1분 간증으로 4~5명씩 보고하고, 이를 통해 전교인이 동기를 부여 받도록 한다.
전도 전략	구역 및 교구별 목표 설정, 교구별로 전략 발표대회, 교구 및 개인별 시상한다.
특공대 훈련 파송	12명 제자, 70인 전도대, 120 다락방 기도 특공대 훈련 전담 교역자를 세워서 전략을 세운다.
선물 및 음식 준비	오병이어 운동
사후 관리	새 교우 관리를 각 구역장, 권찰모임에서 12주 동안 훈련한다. 철저하게 해야 새 교우가 다시 새 교우를 양육할 수 있다.
전교인 전도 의식 고취	총동원주일을 앞둔 준비기간 모두 전도에 관한 설교로 일관한다.
구호 제창	매 집회마다 구호를 제창함으로써 합심하여 적극적인 믿음을 갖도록 도와준다.
준비기간	총동원주일 공포 전 2주간 전략을 세우기 위한 준비위원회를 구성하고, 모임을 갖는다.

(2) 목표 정하기

· 명칭 : 4·12 새 생명 부활주일

· 일시 : 2009. 4. 12. (50일간)

· 목표 :

- 개인전도(1인 1명 전도하기)

- 가족전도(가족 100% 출석시키기)

- 구역전도(구역원 100% 출석시키기, 배가운동하기)

- 태신자 결단(각 교구당 20명씩)

· 주제성구 : "주께서 구원 받는 사람을 날마다 더하게 하시니라"(행 2 : 47).

· 표어 : "새 생명을 날마다 더하게 하소서"

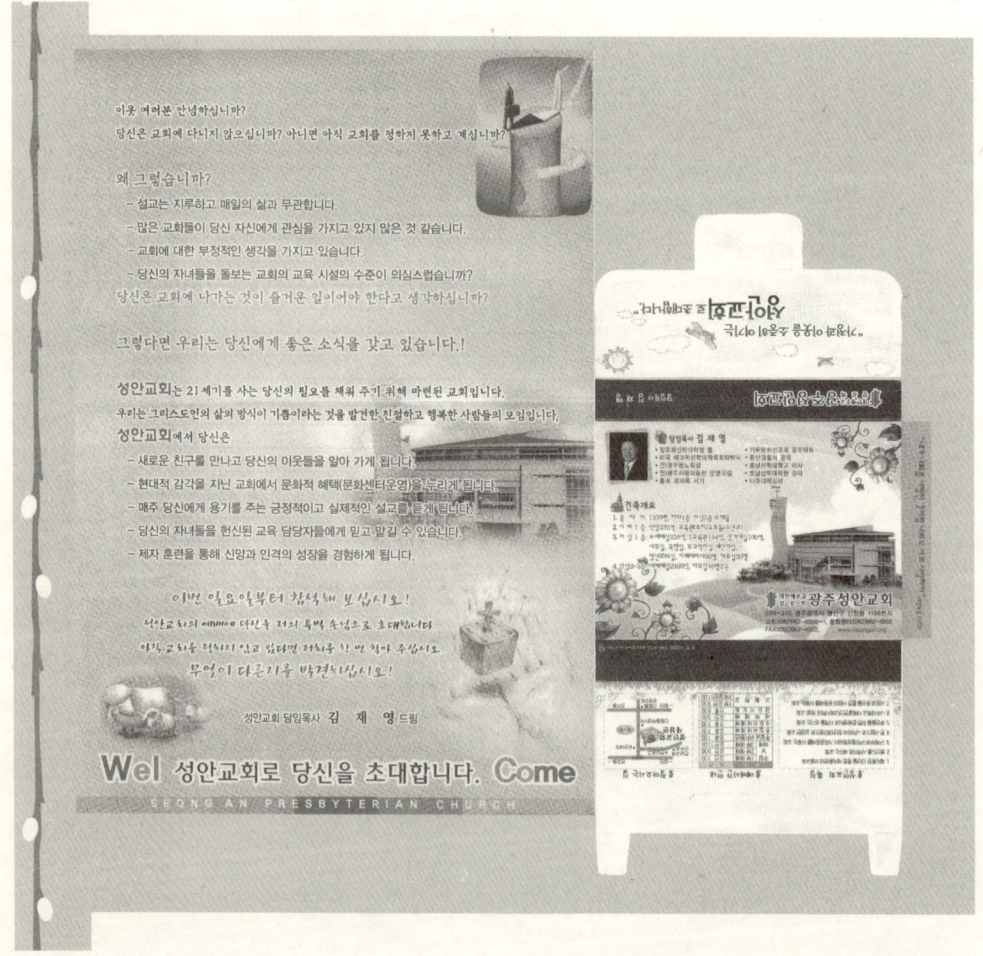

(3) 단계별 추진 계획

단계	일정	내용
1단계	1~2주	· 준비 및 기도 총동원주일(새 생명 부활주일)을 위해 새벽집회를 통해 기도하며 준비하고 계획을 세운다.
2단계	2~3주	· 총동원주일 선포 총동원주일(새 생명 잔치)을 성도들에게 선포한다. 동영상 홍보/주제가 합창/일정표 및 작정서 배부/플래카드 및 홍보자료를 설치한다.
3단계	3~9주	· 총동원주일 홍보 1주(화) : 플래카드(야외/본당), 포스터(게시판/엘리베이터), 배너(복도) 설치 2주(토) : 풍선장식(아치형과 벽걸이형, 헬륨풍선 등) 2주(주일) : 선포식(동영상 : 연속 3주 상영), 폐회송으로 주제가 합창, 전도지/초청장 배부 3주(주일) : 작정자와 만남을 위한 선물 지급(홍보용 인쇄가 된 고급 지갑 화장지, 스티커 초청장을 붙인 볶은 소금)
4단계	3~5주	· 교구별 설명 및 점검 3주(수) : 구역장 모임을 통해 전체 계획을 여전도회에 설명한다. 4주(수) : 각 교구별 실행위원들에게 교구별 계획을 설명한다. 5주(수) : 교구 등록자 및 참석 예정자를 위한 초청 계획을 점검한다.
5단계	5~7주	· 전도 작정 전도 작정은 3회 하며, 개인보관용은 소지하고, 제출용은 주일 예배 시간에 헌금함을 통해 제출한다. 개인별로 작정한 전도 대상자를 교구별로 정리하여 매주 교구목사에게 전달한다. 작정자 명단과 등록자 명단은 교구별로 정리하여 다음 주일에 전달한다. 작정한 전도 대상자의 명단을 구역과 교구에서 공유하며, 기도와 전도방법을 모색한다.
6단계	8~9주	· 중보기도 작정한 전도 대상자를 위해 특별새벽집회와 금요철야기도 시간에 함께 기도한다. 특별새벽기도회, 구역예배 등 공식모임에서 집중적으로 기도한다. 교구별, 구역별 모임을 총동원주일 모임으로 집중하며 필요시 교구별 릴레이기도 및 금식기도, 또는 교구별 연합구역모임 등을 소집하여 기도한다.

7단계	8~9주	· 접촉 및 초청 개인적으로 작정한 전도 대상자와의 만남을 통해 초청한다(전도지, 초청장, 주보, 교회 소식지, 설교테이프, 전도 선물 등으로 접촉). 구역별 모임에 전도 대상자를 초청하여 가정에서의 만남을 시도하고, 초청한다. 지역별로 서로 협력하여 대상자와 가장 가까운 사람과 함께 방문하며, 또는 새 가족 학교, 어머니 기도회에 초청하고, 필요시 교구별 전도대, 임원, 담당목사의 심방과 지원을 통해 접촉과 초청을 진행한다.
8단계	당일	· 등록 및 관리 총동원주일에는 본당 입구에서 새 가족 등록업무를 새 가족팀에서 담당한다. 한 주 전에 미리 등록양식을 작성하여 총동원주일 당일의 혼잡을 피한다. 평상시 새 가족에게 지급하는 선물과 같은 것을 전도팀에서 지급한다. 총동원주일에 등록한 작정 대상자도 양육과 파송, 교육을 평상시와 동일하게 진행한다(등록 후 양육 교사가 1:1 양육하며, 4주째 파송, 이후 8주간 새 가족 교육). 작정 대상자가 등록할 경우에는 등록심방(선물)을 통해 정착될 수 있도록 지원한다. 당일 등록자는 1회 출석자인지 지속적으로 다닐 것인지 구분하여 관리한다. 작정 대상자가 아닌 일반 새 가족의 경우 새 가족 담당목사가 심방하고, 작정 대상자의 경우에는 교구목사와 전도자, 구역장, 임원이 심방한다. 작정 대상자의 등록 인원에 따라 등록심방 선물은 전도팀에서 별도로 지원한다. 작정 대상자가 등록을 한 후 심방을 받은 경우는 교회에 정착하도록 새 가족 팀과 교구에서 집중적인 관리를 통하여 지원한다.
9단계		· 선물 및 시상 작정자가 등록한 경우 등록선물은 평상시처럼 기념타월과 식사권을 지급한다. 총동원주일에 사용한 것은 전도팀에서 담당한다. 교구 시상은 개인, 구역, 지역별 작정과 등록에 따라 시상한다. 교육부서는 부서별 전체인원과 등록인원에 따라 시상한다.

(4) 당일 Check List

확인 사항	세부 내용
예배	방송실에서는 설교의 시간과 내용을 미리 체크한다. 예배 영상은 구원의 확신을 주는 영상으로 준비한다. 기도는 순서자에게 미리 준비하게 하고 검토한다. 방송실에서 찬송가 가사와 성경 구절, 성가곡 가사를 모두 준비한다. 안내 위원의 복장을 통일하고, 장소도 미리 정해 준다. 성가곡은 복음적이고 쉬운 것으로 준비한다. 특별 순서와 간증 순서의 시간 배정과 연습을 확인한다. 예배실 좌석은 1층 앞좌석부터 앉도록 한다(담당자 배치). 광고할 사항을 미리 담임목사님께 보고한다(광고 누락 확인).
시설	예배실 좌석에 새 교우 지정석을 먼저 배치한다. 교회 내 시설 이용 안내와 비품을 확인한다. 주차 시설을 확인한다. 식사는 전도자와 대상자가 먼저 하도록 한다(미리 숫자 파악). 유아 및 장애자를 위한 예배실은 1층에서 준비한다. 새 가족실은 화보와 사진 촬영을 준비하고, 미리 도우미에게 요청한다.
안내, 등록과 선물	교회 정문 입구에서 등록카드를 신속하게 받는다. 등록 받을 때 안내 위원들의 동일한 복장을 확인한다. 등록대장은 노랑과 파랑으로 색을 구분하여 재등록과 신규 등록을 체크한다. 선물은 준비된 것으로 하되 등록서와 교환한다. 설문지 작성을 위한 보고서 자료를 위해서 등록서 내용도 확인한다.
식사	접대 가능한 부서의 숫자를 미리 확인한다. 식사 메뉴를 확인하여 부족했을 때 대체 가능한 음식을 준비한다. 식당 환경을 깨끗하게 정리하되 분주하지 않도록 한다. 음료대에 컵이 부족하지 않도록 미리 확인하고, 종이컵도 준비한다. 전교인에게 식당 예절을 가르친다(새 가족 우선순위). 날씨에 맞도록 난방을 확인하여 창문 주위에 도우미가 함께한다.
당일 준비	총동원주일에는 전교인이 차량 봉사한다. 구역장들은 조직적으로 태신자를 모셔 올 수 있도록 차량 지원을 확인한다. 성도들은 태신자와 만날 장소와 시간을 확인하여 지원팀과 조율한다. 당일 태신자를 모시고 오지 못하는 사람은 도우미로 봉사한다. 구역장은 구역별로 태신자 명단을 모두 소집하여 전 구역원에게 돌리고, 협조를 구하고, 상황을 점검한다. 총동원주일 당일에는 반드시 1시간 전에 전화하고 찾아가서 같이 온다.
홍보	홍보 전단지는 미리 1개월 전에 준비한다. 플래카드는 몇 장을 준비하고, 어디에 설치할 것인지 미리 정한다. 초청장도 미리 내용과 디자인을 확인하고 우편으로 전달한다. 교회 밖 홍보와 내부 홍보를 분류해서 홍보한다. 전체 예산에서 홍보 예산을 점검한다. 홍보를 담당하는 부서는 미팅을 통해 상황을 점검한다.

4. 프로그램 활성화를 위한 대책

1) 지속적으로 관리하기

관리란 조직 구성원의 노력을 잘 지도하고, 통솔·통제하면서 공동의 목적을 달성시키는 기능이다. 전도 이후 철저한 사후 관리 프로그램이 실시될 때 전도운동은 지속되며, 성도들이 제자로서 지속적으로 성장할 수 있다.

첫째, 등록신자의 심방과 교육이 정확하게 이루어져야 하며, 양육자와 자치기관의 섬김이와의 관계가 잘 이루어지는지 점검한다.

둘째, 교회에 왔으나 결신하지 않는 이들에게 지속적으로 홍보물을 보내고, 다음 초청잔치에 초대한다.

셋째, 만남의 카드 관리에 힘쓴다. 모든 성도는 만남의 카드를 가지고 기도해야 하고, 일주일에 일 회 이상 만남을 지속적으로 해야 한다. 그리고 그것을 교회의 상황판과 성도들의 카드에 기록하게 한다.

넷째, 전도대회의 결과를 정확히 통계 내어 보고하는 감사예배를 드린다. 다음 대회를 더욱 잘하기 위해 필요하다.

다섯째, 전도대회에서 결실이 있는 이들은 계속해서 전도를 실습하게 한다. 등록된 새 교우가 양육되어 재생산 단계로 가기까지 철저한 사후 관리가 필요하다.

2) 새 교우 이탈 막기

새 교우를 전도하는 과정에서 두 가지 해야 할 일이 있다.

첫째, 전도자가 대상자를 정하고 전도를 시작하게 되면 교회에 이 사실을 알리고, 전 구성원들에게 전도의 성공을 위한 기도를 부탁해야 한다. 그래서 전 구성원이 모였을 때 중보기도로 돕도록 한다.

둘째, 자신의 전도 대상자가 교회에 나오기로 한 첫 주일에는 미리 구역장이나 교구장에게 연락해서 새 교우를 맞이할 준비를 해야 한다.

새 교우를 맞이할 준비는 다음과 같다.

첫째, 교구장이나 구역장은 미리 구역원 가운데 새로 나올 교인과 문화적으로 비슷한 구역원(나이, 교육, 생활수준 등)을 골라 연락해 둔다.

둘째, 예배가 끝난 후에는 인도자와 구역대표가 함께 교회 근처에 있는 음식점으로 가서 음식을 대접하며 서로 친교를 나눈다.

셋째, 거리 등의 이유로 새 교우가 인도자와 같은 구역에 참여할 수 없을 때에는 새 교우가 앞으로 참여해야 할 교구장이나 구역장과 연락하여 이후로의 모든 일을 추진할 수 있게 한다.

넷째, 교구장이나 구역장은 새 교우가 소속될 전도회 회장에게 미리 연락하여 새 교우를 도와줄 전도회원 한 명을 미리 준비시킨다.

새로 교인이 교회에 나온 이후 첫 모임 때 구역원을 통하여 새 교우가 나왔다는 사실을 알리고, 그 사람의 이름을 꼭 외우도록 한다. 그리고 다음 주부터 그 새 교우가 나오면 예배 후 전 구역원이 찾아가서 사랑으로 친절한 인사를 나누도록 한다. 이 인사의 책임은 구역장이 항상 기억하고 구역원들을 독려하는 것이 좋다.

새 교우를 인도한 사람은 일단 새 교우가 교회에 처음 나온 후부터 매주 한 번씩 그와 만남을 계속해야 한다. 순장이나 구역장은 매주 사랑방 모임 때마다 이를 확인해야 하며, 그들의 만남을 위해서 전 구역원이 같이 기도하도록 한다.

새 교우가 교회에 나온 지 3주가 된 후에는 교구장이나 구역장이 그를 구역모임으로 정식 초청하여야 한다. 구역장은 주일예배 후 그 새 교우를 구역의 이름으로

다음 모임에 초청한다. 우선 말로 초청하고, 되도록 초청카드를 준비하여 정중히 초청한다. 초청한 후에는 구역모임 시 다음의 사항을 미리 준비해야 한다(구역예배 후 간단한 환영 순서, 간단한 선물, 간단한 음식, 구역원들의 자기소개 등).

3) 후속 관리 점검하기
새 가족과의 첫 만남 이후 그들이 교회에 정착될 수 있도록 돕기 위해 다음과 같은 사항을 점검해야 한다.

- 참석에 대한 감사 편지가 발송되었는가?
- 새 가족 구역 분류는 어떻게 할 것인가?
- 새 가족 환영회를 위한 서신은 어떤 것으로 준비되었으며, 누가 발송할 것인가?
- 새 가족 환영은 어떻게 하는 것이 효과적인가?
- 새 가족 환영 담당자는 콘티를 준비하였는가?
- 새 가족 환영 접대는 어느 팀에서 할 수 있는가?

5. 프로그램의 효과

1) 성도의 변화
구역전도와 총동원전도를 통한 성도들의 변화는 다음과 같다.

첫째, 전교인이 전도 중심의 사역자로 준비된다. '전도'라고 하는 대명제를 중심으로 하여 이슈가 통일되면 어떤 구심점이 생긴다. 교회의 사명과 비전이 교인들을 하나로 묶는다. 또한 생명을 전하고, 생명을 낳는 일은 다른 어떤 프로그램이나 일들보다 더 큰 역할을 하게 되는 것을 경험하게 된다. 이 생명을 낳는 일이 진행되는 동안, 온 교인과 부서 간에 화합과 교류가 일어나는 것을 보게 된다. 사실, 총동원전도와 구역전도를 시행하기 위해 준비되는 일들이 많이 있다. 이런 일들을 중심으로 각 부서들이 함께 만나 각자의 사역을 준비하게 되며, 유기적인 유대관계를 형성하게 된다. 이런 일들을 통해서 교인들은 서로 익숙해지며, 하나의 공동체로서 유대감을 형성하게 되고 서로 더 잘 알아 가게 된다.

둘째, 지속적인 전도와 성장을 이루게 된다. 전도는 교회가 예수님의 사랑과 구원의 은혜를 전하는 것이다. 사실 전도에 있어서 가장 중요한 것은 불신자들로 하여금 교회에 한 번 발걸음을 들여놓게 하는 것이라 할 수 있다. 한 번 발을 교회로 들이는 것은 힘들지만, 한두 번 발을 들여놓게 되면 자연히 교회에 익숙해지게 된다. 이것은 놀라운 효과를 발휘한다. 이들은 교회를 선택하고 교회에 다니기로 결심할 때 자신이 발을 디뎌 봤던 곳을 선택하게 된다. 이러한 결과를 바라보는 성도들은 전도에 대한 즐거움을 느끼게 되고, 그로 인해 전도에 더욱 열정을 가지고 참여할 수 있게 된다.

셋째, 각 가정이 복음화된다. 교회가 무분별하게 전도하지 않고, 특정한 전도 대상자를 정하여 전도하는 것은 매우 실효가 있다. 특별히 구역전도와 총동원전도를 통하여 얻게 되는 가장 큰 변화는 전도 대상자 집안의 모든 가족들에게 복음이 전도되는 역사가 일어난다는 것이다. 처음에는 어려울 수 있지만 해가 거듭되면서 믿지 않는 가족들이 교회의 문턱으로 나오게 되며, 그로 인해 온 가족이 구원을 얻게 되는 결과가 자연스럽게 일어난다.

2) 교회의 성장

구역전도와 총동원전도를 통한 우리 교회의 양적인 변화는 아래의 도표와 같다. 처음 시기가 목회자 중심의 전도였다면, 점차 평신도 지도자가 세워짐으로 구

역장과 구역원들이 함께 전도하였고, 총동원전도와 화요전도대를 중심으로 성도들이 함께 전도한 결과, 제3도약기를 기점으로 폭발적인 양적 변화를 갖게 되었다. 이후 매년마다 지속적인 성장을 이루고 있으며, 올해는 예장 300만 성도운동에 발맞추어 매달 시행되는 구역전도와 총동원전도를 통해 지금까지 장년만 400여 명 전도되었다.

3) 목회자가 말하는 구역조직과 총동원전도

구역조직과 총동원전도를 진행할 때 다음과 같은 사항들에 유의하여 실행하는 것이 좋다.

첫째, 그룹 활동의 목적이 희석되면 몇 가지 문제가 발생한다. 몇몇 회원들만이 토의에 참여하고, 대부분의 회원들은 동의하는 모습이 나타나는데, 이렇게 되면 상대방을 충분히 이해하지 못한 채 지나가게 된다. 자신의 이해 관계나 체면에 더 신경을 쓰게 되면 좋은 생각을 제공한 사람의 의견을 순수하게 받아들이지 않는 경향이 생긴다. 그렇게 되면 구역원들이 돕는 이에만 의존하고, 돕는 이가 없으면 구역모임이 약화된다.

둘째, 전도교육이 부족하면 문제가 발생한다. 들으면 좋고, 듣지 않으면 그만인 형태로 아무에게나 즉흥적으로 전도하면 전도 대상자들이 전도자를 기피하게 된다. 또한 서로 관계 정립이 되지 않았거나 준비되지 않은 상황에서 신앙 이야기를 하면 전도 대상자는 거부감을 갖게 된다. "당신은 죄인입니다.", "죄의 삯은 사망입니다."처럼 상대방에 대한 정죄로 시작함으로 인해 기분을 상하게 할 때도 있다. 계획도 없이 아무 집이나 무례하게 방문함으로써 냉대를 받기도 한다.

셋째, 등록을 위해 성급하게 다짐을 받으려 해서는 안 된다. 전도자는 길가에서 아무에게나 복음을 증거하는 것보다 주변에서 전도 대상자를 찾아서 전도하기 좋은 분위기를 만들고, 차분하게 앉아서 복음을 전할 수 있는 구역모임을 통한 소그룹 전도를 해야 한다. 이러한 관계전도가 선행되면 전도자는 냉대를 받는 것에서 벗어나게 된다. 결과 위주와 실적 위주의 성급한 전도 때문에 벌어지는 상황을 주의해야 한다. 전도 대상자가 마음의 준비가 되었다 하더라도 무리한 요구나 성급한 접근은 도리어 전도 대상자에게 환영 받기보다는 냉대를 받게 되고, 전도자가 마음에 상처를 받아 전도란 어려운 것이라는 인식을 갖게 되어 결국 낙심하게 되는 것이다.

넷째, 말과 함께 실천의 진도도 중요하다. 전도자는 구원의 이유와 목적을 적절한 상황에 맞게 잘 설명할 수 있어야 한다. 그러나 그 설명이 전도자의 행동과 불일치한다면 효과는 반감되어질 것이다. 모든 그리스도인들의 전도 열정만큼이나 중요한 것은 전도자의 삶이 예수 그리스도를 닮아서 불신자들로부터 칭찬을 받는 것이다. 그렇게 되면 그를 주시하고 있는 불신자들의 시선이 결국 예수 그리스도로 향하고, 주님을 흠모하게 되는 것이다.

교회 현장의 목소리

저는 원래 종교생활에 대해서 마음을 닫고 있었습니다. 종교생활은 사치스러운 일이며, 마음이 약하거나 의지가 약한 사람들의 자기 관리 차원 정도로만 생각했습니다. 저는 음식물 쓰레기를 치우는 일로 남편과 자주 다투었습니다. 비위가 약한 저는 쓰레기통을 열어서 봉지에 든 음식물을 버리는 것에 짜증이 났고, 비닐장갑을 가지고 가는 일이 더럽고 싫었습니다.

어느 날 제가 음식물을 버리러 가는데 한 분이 음식물을 치우고 있는 것이 보였습니다. 그분은 아파트 안에서도 친절하기로 소문난 분이었습니다. 그분이 뒤에서 기다리는 저의 음식물 통을 달라더니 음식물을 버리고, 준비한 물로 씻어 주는 것이었습니다. 순간 너무 감사해서 표현을 했습니다. 그런데 이분이 "주님께 받은 사랑이 너무 많은데, 이 정도 나누는 것이 뭐가 대단하겠어요?"라고 하는 것이었습니다. 그 말이 저를 감동시켰고, 저도 모르게 그분을 찾아가게 되었습니다. 그분은 교회 구역장이었고, 저는 그분의 인품과 친절함을 보고 처음으로 교회에 나가게 되었습니다.

교회에 가서 알게 된 놀라운 사실은 그분이 저를 위해서 기도하고 있었다는 것과 구역 식구들이 이미 제 이름을 알고 있었다는 것이었습니다. 모두 저를 환영해 주고, 매주 전화를 해 주고, 차를 준비해 시장도 같이 가 주고, 생일까지 챙겨 주었습니다. 그분들과 함께하며 저도 모르게 교인이 되었습니다. 지금은 그분들의 인도함에 감사하면서 열심히 세례교육을 받고, 주님의 은혜를 누리며 살아가고 있습니다.

– 김현숙 성도

저는 결혼 전 신앙생활을 하다가 여러 가지 이유로 신앙생활을 그만 두었습니다. 그런데 결혼한 뒤부터 좋지 않은 일들이 생기고, 힘들어지게 되면서 나도 모르게 다시 신앙생활을 해야겠다는 생각이 들었습니다. 그래서 교회에 늘 열심인 친구에게 전화를 했더니, 이 친구가 반기면서 자기 교회로 오라고 했습니다. 거리가 너무 멀어서 고민했는데 교회 구역이 제가 사는 곳에도 있다며 계속 권유해 주어 교회에 등록을 했습니다.

놀라운 일은 그때부터 일어났습니다. 친구에게 교회에 다니고 싶다는 말을 하자마자 제가 사는 구역의 구역장이 직접 집 앞까지 와서 차를 태워 주고, 도우미 집사님은 제가 예배하도록 아이를 돌봐 주고, 식사 때가 되면 음식을 미리 자리에 준비해 주고, 구역모임에 나가면 어색함 없이 함께할 수 있도록 준비가 되어 있었습니다. 가정에 일이 생기면 교구장이 여전도회장과 구역장을 모시고 와서 같이 도와주었고, 교구목사님을 모시고 가정예배를 드리면서 저도 모르게 정착하게 되었습니다. 지금은 저도 제자훈련을 받으면서 한 사람의 영혼을 구하기 위해 보다 열심히 전도하고 있습니다.

– 신인숙 집사

전도는 하나님의 소원이며, 최대 관심사이다. 그렇기에 예수님이 이 땅에 전도자로 오셨고, 십자가에서 죽으시면서까지 구원의 계획을 완성하신 것이다. 그러므로 전도는 성도들이 감당해야 할 최대 과제요, 최고의 사명인 것이다. 전도하지 않는 성도는 주님의 명령에 불순종할 뿐 아니라 영적 생명력이 죽어 있는 것과 같다. 하나님께서 우리에게 주신 지상 명령인 전도, 영혼 구원의 사역은 교회가 반드시 이루어야 할 사명이다. 선택사항이 아니라 하지 않으면 교회의 생명력 자체가 위협받을 수 있는 것이 선교의 사명인 것이다. 지상의 모든 교회는 복음전파의 사명을 감당해야 주님의 몸 된 교회라는 이름에 부끄럽지 않을 것이다.

또한 교회 성장은 하나님의 인류구원에 대한 계획을 이루는 길이다. 하나님은 인류구원의 사명을 영적 이스라엘인 그리스도의 교회에 맡기셨다. 오순절 성령강림으로 탄생한 그리스도의 몸 된 교회는 오직 길 잃고, 방황하고, 잃어버린 영혼들을 예수 그리스도 앞으로 인도하고 그들의 구원을 위해 전도하여 교회의 사명을 다해야 할 것이다.

6. 사랑의 동산과 맞춤형 전도

분당제일교회

> 영성훈련을 통해 전도를 위한 토양 작업과 전도 동력화를 추구하면서 현장 위주의 전도훈련을 적절하게 해야 한다.

전도 동력화를 추구하며 규모, 비용, 기간, 연계성면에서 고루 높은 효율성을 갖춘 프로그램으로서 기간을 두고 실행하는 것이 좋다. 성도들의 영성훈련과 전도를 양 날개로 하여 교회의 기반을 갖추고 세우는 데 큰 도움이 된다.

제자훈련 전도의 열매	
	* 영성훈련
	* 전도훈련
	* 지역전도

	낮음 ——————————— 높음
규모면의 효율성	████████████
비용면의 효율성	████████████
기간면의 효율성	█████████░░
연계성면의 효율성	████████████

지금 한국교회는 위기이다. 한국교회가 위기인 이유는 단순히 교회 성장이 마이너스로 접어들었기 때문만이 아니라 교회의 본질과 정체성이 흔들리고 있기 때문이다. 요즘에는 소위 '이머징 교회'(Emerging Church)가 뜨고 있다. '이머징 교회'의 두 가지 키워드는 '사도행전적 교회 전통 회복'과 '포스트모던 사회 안에서 교회 신비주의의 회복'이다.

우리가 사는 이 시대는 '신비주의'와 '영성'을 추구한다. 과학의 최첨단을 걷는 21세기지만 오히려 사람들은 생활에서 보다 영적이고 본질적인 것을 추구한다는 말이다. 만약 '교회의 본질적인 전통'을 회복하지 못하고, '교회의 본질적인 신비주의'를 회복하지 못한다면 세상 사람들은 이단이나 사이비, 기타 종교에서 이와 같은 영성과 신비주의를 추구할 것이다. 앞에서도 언급한 바와 같이 이 시대는 최첨단의 사회에서 만족하지 못하고, 신비한 것에서 인생의 의미를 묻는 '영성 추구의 시대'이기 때문이다.

지금까지 한국교회는 '열린 예배', '구도자 예배', 'CCM' 등 불신자의 눈높이에 맞추는 전도전략으로 어느 정도 성과를 거두었지만 교회가 사회와 차별화되는 요소를 등한시하는 우를 범하였다. 이와 같은 시대에서 보다 본질적이고 영적인 교회의 모습을 찾는 노력은 필수적이다.

이와 같은 시대에서 이 시대의 영적 필요를 채우며, 사도행전적인 교회의 본질적인 전통을 회복하고, 포스트모던 사회에서 교회의 신비주의를 회복할 수 있는 대안으로 교회의 영성훈련과 그 실천이 필요하다. '영성훈련을 통한 맞춤형 전도 프로그램'을 통해 이를 실천하고 있는 분당제일교회의 사례를 소개한다.

1. 사랑의 동산 영성훈련

기독교 영성은 그리스도와의 인격적인 교제를 통하여 인간의 내면적 인격의 변화와 대인관계의 회복과 사회적인 삶의 차원에서의 변화를 가져오는 전인적인 인간 회복을 추구하고 있다. 사랑의 동산 영성훈련은 교회를 위해 마련된 영성훈련으로 교회의 후원과 헌신, 섬김으로 운영되는 영성훈련이다. 이미 예수를 그리스도로 영접하여 구원 받은 확신이 있고, 그리스도의 지체가 된 그리스도인이 하나님 나라와 교회를 섬기는 가운데 구체적인 섬김과 사랑의 능력을 체험하고자 하는 사람, 주님의 제자로, 교회의 일꾼으로 쓰임 받고자 하는 사람을 훈련하여 개교회로 파송하는 양질의 제자훈련 프로그램이다. 이 영성훈련은 "참여하는 사람, 그 자신이 예수님의 사랑을 보고, 느끼고, 체험케 하는 것으로 예수님의 사랑을 체험한다."는 의미를 담아 '사랑의 동산' 이라고 한다.

1) 목적 세우기

사랑의 동산은 그리스도인의 생활을 새롭게 하고, 3일간의 영성훈련을 통해 하나님을 새롭게 만나고, 그 앞에서 철저한 자기 변화를 경험하며, 교회와 세상으로 파송 받아 헌신하고, 봉사하며, 하나님께 영광 돌리고, 하나님 나라 확장을 위하여 필요한 실질적이고 능동적인 방법을 체험하게 하는 데 그 목적이 있다. 즉, "하늘과 땅의 모든 권세를 내게 주셨으니 그러므로 너희는 가서 모든 민족을 제자로 삼아 아버지와 아들과 성령의 이름으로 세례를 베풀고 내가 너희에게 분부한 모든 것을 가르쳐 지키게 하라 볼지어다 내가 세상 끝날까지 너희와 항상 함께 있으리라 하시니라"(마 28 : 18-20)는 말씀대로 예수님의 복음전도를 위한 참된 제자운동이며, 민족복음화와 세계복음화를 위한 섬김을 통하여 선교의 사명과 헌신을 감당케 하는 데 목적이 있다.

사랑의 동산은 철저한 신학을 기초로 하는데, 교회론을 중심으로 진행되며, 예수 그리스도의 삶인 '섬김의 삶'을 실제적으로 몸으로 익히고 배우도록 훈련한다. 교회에 충성을 다하는 좋은 일꾼으로, 목회자의 파트너로 헌신하는 평신도가 되며, 가정에 더욱 충실한 가족이 되고, 사회 속에서는 예수 그리스도의 사랑을 실천하는 제자 된 삶을 자발적이고 은혜롭게 살고, 이웃을 구체적으로 사랑하고 섬기는 데 그 목적을 두고 있는 참된 제자훈련이다.

2) 구성하기

사랑의 동산은 크게 세 가지로 구성된다.

(1) 말씀 듣기

사랑의 동산의 핵심은 하나님의 말씀이다. 예수님을 그리스도로 영접한 신앙인으로 하여금 주 예수 그리스도를 보다 친밀하게 경험하게 하고, 주어진 환경 속에서 교회 지도자로서의 자질과 사명을 일깨워 주고 세상에 보냄 받은 자로서의 삶을 살 수 있도록 도와주는 것이 바로 말씀이다.

영성훈련에서 주장하는 말씀훈련의 접근 방법에는 두 가지가 있다. 하나는 말씀훈련을 통하여 정보를 발견하고, 지식을 습득하고, 진리를 깨닫고자 하는 지식훈련이다. 다른 하나는 말씀훈련을 통하여 예수님의 생명을 우리 속에 넘치게 하여 우리의 인격을 변화시키는 데 중점을 두는 생명훈련의 방법이다. 전자는 '나'가 주체가 되어 성경을 나의 삶 속에 채워 나가는 방법이다. 후자는 '성경'이 주체가 되어 나의 삶을 깨트리고 변화시켜 하나님 앞으로 인도하게 하는 방법이다. 말씀훈련은 이 양자가 균형을 지켜야 하는데, 이러한 면에서 사랑의 동산에서는 말씀 강론을 실행한다. 말씀은 전체가 총 14개로 서로가 하나로 연결되어 통일성과 상호 관련성을 가지고 있는데, 교리와 신앙이 주된 내용이다. 이를 위해서 목회자가 강의하는 7개의 말씀과 평신도가 강의하는 7개의 말씀으로 구성된다. 목회자의 말씀 내용이 주로 교리적인 부분이라고 한다면, 평신도의 강의는 신앙생활적인 면이 강조됨과 동시에 개인적인 간증들로 구성되어 있다. 그 내용은 다음과 같다.

1. 그리스도인의 비전(평신도) : 하나님께서 주신 시간과 물질과 재능을 사용
2. 하나님의 은혜(목회자) : 예수님을 통해서 값없이 주시는 하나님의 사랑
3. 교회(목회자) : 하나님의 은혜를 받은 사람들의 모임
4. 성령(목회자) : 우리를 그리스도와 연합하여 살도록 도우시는 역할
5. 경건의 삶(평신도) : 예수 그리스도에게 초점이 맞추어지는 삶
6. 성경 연구(평신도) : 하나님의 말씀을 알고, 말씀을 통한 승리
7. 성만찬(목회자) : 예수님의 살과 피에 참여하는 삶
8. 제자의 삶 : 하나님의 은혜 가운데 사는 삶
9. 은혜를 가로막는 것들(목회자) : 은혜를 가로막는 것들
10. 섬기는 삶(평신도) : 하나님의 은혜 감동되어 섬기는 삶
11. 주변 환경(평신도) : 주변 환경과 상관없이 승리하는 신앙
12. 성도의 공동체(평신도) : 성도 공동체 안에서의 사랑과 나눔
13. 사랑의 동산(동산지기) : 사랑의 동산 전체적인 내용
14. 제4일(목회자) : 사랑의 동산을 경험한 이후의 삶

(2) 찬양하기

찬양을 통해 예수님의 뜨겁고 신비로운 임재를 더 깊이 경험하도록 하는 데 찬양의 중요성이 있다. 찬양을 구성함에 있어 말씀과 연관이 되고, 하나님의 은혜를 체험할 수 있도록 해야 한다. 먼저 곡 선정을 가볍고 밝은 곡에서부터 헌신의 곡으로, 귀에 익은 곡에서부터 새로운 찬양으로 흘러갈 수 있도록 구성한다. 그리고 찬양 인도자를 비롯한 찬양팀이 영적 흐름에 민감하여 그 시간 함께하시는 성령님과 함께 호흡하고, 찬양시간을 통하여 주바라기들(사랑의 동산 참가자를 지칭하는 용어)이 온 마음과 정성을 다하여 하나님께 찬양의 제사를 드리며, 크게 부르짖어 기도하기도 하고, 뛰고 춤추며 찬양하기도 하고, 눈물로 기도하며 찬양에 몰입하기도 한다. 이러한 찬양을 통해 신비하고 오묘하신 주님의 임재를 경험하게 된다.

(3) 기도하기

사랑의 동산은 기도로 시작하여 기도로 마친다고 해도 과언이 아닐 정도로 기

도운동에 초점을 둔다. 사랑의 동산에서 기도를 통해 하나님의 특별하신 도우심을 경험하고, 기도가 풍성한 영적 회복의 근원임을 실감한다. 기도 시간은 침묵기도의 시간, 한 마디 기도의 시간, 방 기도의 시간으로 나뉘어진다.

첫날 입소하여 그날 밤은 침묵기도로 시작한다. 침묵기도를 통해서 온전히 나를 비우고, 하나님께서 직접 나에게 말씀하실 수 있게 하는 것이다. 이 기도를 드리는 동안 '나'는 사라지고 하나님의 뜻으로만 가득 차게 할 수 있을 뿐만 아니라 이웃을 하나님의 눈으로 바라볼 수 있게 된다.

한 마디 기도의 시간은 자신이 해결 받기 원하는 기도를 한마디씩 외침으로 기도할 수 있게 되어 있으며, 실제로 이를 통해 성령님의 특별하신 역사를 응답 받는 체험을 하게 된다.

방 기도는 두 부분으로 나뉘는데, 첫 번째는 자신을 위한 기도시간으로 그림을 통해 자신의 영적 상태를 체크하며 기도하고, 둘째는 이웃을 위한 기도시간으로 작은 십자가를 잡고 다른 이를 위해 중보적 기도를 하게 된다. 이때 십자가를 잡고 하는 것은 이웃의 십자가를 대신 진다는 의미가 있다.

주바라기들을 위한 도우미들의 중보적 기도는 영성훈련이 진행되는 동안 계속되고, 특히 주바라기들이 이동할 때 그들을 위해 간절히 기도하는 도우미들의 기도는 주바라기들의 마음을 감동케 하고, 예수님의 사랑을 눈물로 느끼게 하여 복음 전도에 헌신하게 하는 동력으로 작용하고 있다.

2. 맞춤형 전도 – 빌립전도훈련

우리 분당제일교회에서는 이렇게 '사랑의 동산' 영성훈련을 마친 이들이 전도에 더욱 힘쓰게 하기 위하여 빌립전도협회에 위탁 교육을 받도록 한다. "한 생명을 구원하는 것이 세상을 변화시킨다."라는 담임목사의 목회철학에 따라 전교인을 전도에 헌신하도록 하기 위하여 '빌립전도훈련' 과정을 반드시 이수하도록 하고 있다.

1) 목적 세우기

첫째, 전도훈련의 목적은 우선 전도자들로 하여금 전도의 필요성을 깊이 깨달아 전도하지 않으면 견딜 수 없는 투철한 사명감을 갖도록 하는 데 있다. 모든 제직들이 전도의 사명감을 갖도록 빌립전도훈련을 필수 코스로 이수하게 한다.

둘째, 전도훈련의 목적은 전도에 대한 자신감을 갖게 하기 위함이다. 많은 성도들의 경우 전도에 대한 자신감이 결여되어 전도를 하지 못하고 있다. 빌립전도훈련 결과 이수한 분들이 더 이상 전도를 두려워하지 않고, 전도에 대한 자신감을 갖게 되어 많은 전도의 열매를 맺고 있다.

셋째, 전도훈련의 방법을 배우기 위함이다. 빌립전도훈련의 장점은 지금까지 한국교회에서 소개된 거의 모든 전도방법을 망라하고 있다는 데 있다. 물론 그 모든 것을 전도 현장에서 다 활용할 수는 없다. 그러나 그 모든 것을 소개 받고, 그중 자신에게 맞는 전도방법을 찾아내서 활용하는 전도방법으로 실제 전도 현장에서 적용하고, 전도할 수 있도록 하고 있다.

2) 프로그램 구성하기

(1) 빌립전도훈련 규정
- 등록 : 담임목사 및 부교역자 부부, 4인 1조로 편성되어야 등록이 가능하다.
- 과제물 : 오전 10시에 시작, 시간 내에 도착해서 조장이 접수하고, 미리 과제물 보고서를 제출해야 한다.

- 수료 : 수료는 한 번도 결석이 없어야 되며, 평균 성적이 60점 이상 되어야 한다.
- 품앗이 : 빌립전도훈련을 유치하여 주최한 교회는 참석한 모든 교회가 품앗이 전도를 하여 빌립전도훈련 기간 중 풍성한 열매를 맺도록 도와주어야 한다.
- 훈련 유치 : 본 훈련을 유치하고 싶은 교회는 담임목사가 필히 참석해야 하며, 선발대(4인 1조, 12명 이상)가 먼저 훈련을 받고, 평균 성적이 70점 이상 되어야 한다.

(2) 빌립전도훈련 과정

주	강의 오전 10-12시	복음제시훈련 오후 2시-2시 30분	현장실습과 보고회	영상 상영
1	전도의 필요성	글 없는 책	어린이 전도 전도지 배포 훈련	아줌마 전도왕
2	전도대 조직 운영 방법	글 없는 책 성경화 작업	건널목 전도	김기동 집사
3	총동원주일 진행 방법	다리예화 십자가 전도지	상가 전도 장터 전도	총동원 (김길복 5번)
4	반대 의견 처리법	사영리 전도 두 얼굴 전도지	거지 전도(경로당) 병원 전도	이영희 전도사
5	방문전도법	설문조사 천국 가는 길	아파트 전도 방문 전도	박병선 집사
6	사랑방 전도	딱지 전도	사랑방 전도 이웃집 초대	김길복 1번
7	회당장 전도 예수님의 전도법	손수건 전도	관공서 전도 사무실 전도	노일대 집사
8	무속인 전도	구원의 확신	무속인 전도	혜경스님
9	불신가족 전도	하트 전도지	불신가족 전도	김복남
10	학부모 전도	행복한 가정	학부모 전도 깜짝 이벤트	김길복 3번
11	구역을 통한 전도 장기결석자 전도 차량전도	네 가지 마음	구역 이벤트/공원전도/장기결석자 전도 차량전도	김길복 2번
12	생활전도	은사 확인 검사 생활전도 지수검사	수료식	새 가족 관리 양육

(3) 빌립전도훈련 성적 평가 기준

1	Q.T.	20점
2	100집 전도지 100사람 만나기	20점
3	테이프 감상	10점
4	각 현장 실습	10점
5	복음제시 20명	40점
	총 합계	100점

　　빌립전도훈련의 장점은 현장실습 위주의 전도훈련이라는 데에 있다. 그러나 위탁교육에만 만족하지 않고, 위탁교육 받은 '전도대원'을 우리 교회적 상황에 맞추어 헌신할 수 있도록 동력화하고 있다.

　훈련 받고 파송된 전도팀들은 분당 지역 곳곳에 흩어져 '떡볶이 전도', '부침개 전도', '오뎅 전도', '호떡 전도', '팝콘 전도', '아이스크림 전도', '발 마사지 전도' 등 다양한 전도방법으로 지역 주민들과 접촉점을 넓히며 매주 새 가족을 등록시키는 놀라운 결과를 만들어 내고 있다.

　해마다 장년부만 150여 명의 새 가족이 등록하며, 2009년 한 해 성도들이 태신자로 작정한 수만 해도 581여 명이나 된다. 어떤 이는 기도로, 어떤 이는 재정으로, 또 어떤 이는 몸으로 헌신하며 매일 전도를 위해 거리로 나선다. '지역 주민이 함께하는 교회', '지역 주민을 섬기는 교회', '지역 주민의 필요를 채워 주는 교회'로서 교회 앞 공원에서 다양한 공연과 연주, 볼거리와 먹을거리를 주민들에게 선보이며 교회의 문턱을 낮추고, 오후 2시면 정성스럽게 마련한 샌드위치와 껌과 사탕을 들고 택시 기사들에게 나눠 주기도 하고, 탄천 산책로에서 풍성한 간식과 차를 나누기도 한다.

이와 같은 다양한 접촉점을 통해 불신자에게 다가갈 뿐만 아니라 계속적인 재방문을 통해 보다 많은 영혼 구원을 이루어 내고 있다. 또한 단순한 복음전도를 넘어 제자훈련을 통해 한 영혼을 구원하는 것으로 끝나는 것이 아니라 그 영혼을 통해 그의 오이코스(oikos)까지 전도를 확대하고 있다.

3. 부모 코칭 클래스

우리 교회에서는 어린 자녀를 둔 부모들이 대부분인 지역적 특성을 고려해 '부모 코칭 리더십' 프로그램을 마련했다. 코칭 전문가와 함께 각 가정을 방문해서 6~8개월 동안 7~10명의 부모들과 함께 자녀 양육에 관해 논의한다. 이때 교인과 비기독교인이 함께 어우러져 논의하는데, 그러면서 자연스럽게 관계를 맺게 된다. 그래서 복음에 무관심하거나 적대적인 사람들이 처음부터 '복음'에 대해서 마음이 열리지는 않지만 복음을 '전하는 사람'에게는 마음의 문을 열게 되는 모습을 볼 수 있다. 이를 확대하여 계속적인 관계를 통해 전도하는 데 주력하고 있다. 이와 같은 모임은 구역모임으로 확대되면서 주일예배까지 이어지는 역사가 일어나고 있다. 2009년에는 판교 신도시 입주 시점에 맞추어 판교에 새로운 교구가 만들어지는 비전을 꿈꾸며 전도운동을 계속해 가고 있다.

1) 목적 세우기

'부모 코칭 클래스'의 목적은 두 가지로, 하나는 '건강한 가정'이 되는 데 일조하는 것이다. '코칭'이란 변화와 성장을 위한 대화이다. 한국에는 LG, SK, IBM과 같은 대기업에서 팀장, 임원들의 리더십 프로그램으로 도입되었는데, 최근에는 '자기주도형 학습방법'으로 '코칭'의 원리 중 'FLOW'(몰입) 방법이 학원에서 각광 받고 있다. 부모님이 '코칭'의 원리로 자녀와 대화하게 함으로 성장과 행복을 주는 데 일차적인 목적이 있다.

또 하나는 자연스러운 '관계전도'에 있다. 회원 구성에 있어 교인들과 불신자들이 함께 구성되고, 12주 동안 가정 이야기, 자녀 이야기를 부담 없이 하는 가운데 관계가 형성되어 자연스러운 관계전도가 이루어지도록 하는 데 있다.

2) 커리큘럼 구성하기

총 12주 프로그램으로 주당 2시간 정도 시간을 갖는다. 이때 강의보다는 서로의 사례를 이야기하고 경청하는 식으로 진행된다.

주	내용	세부 내용	시간	학습 방법
1주	코칭의 정의	코칭의 정의 및 코칭 파워 경험	2H	강의/실습
2주	행동 유형 알기 (DISC)	DISC 행동 유형 설문 평가/물은 답을 알고 있다.	2H	강의/실습
3주	행동 유형 알기 (DISC)	에너지와 연결되는 DISC 행동 유형	2H	강의/실습
4주	무의식 테스트	에너지 테스트를 통한 무의식 테스트	2H	강의/실습
5주	존재론적 코칭	말과 행동의 깊이를 들여다보기	2H	강의/실습
6주	순수 존재 의식 코칭	순수 존재 의식이란?/나의 순수 존재 의식	2H	강의/실습
7주	감정 코칭 대화	감정 코칭 4단계 강의 및 실습	2H	강의/실습
8주	감정 코칭 대화	감정 코칭 4단계 강의 및 실습	2H	강의/실습
9주	화 코칭	화 코칭 시연 및 실습	2H	강의/실습
10주	코칭 대화기법 1	열정을 불러일으키는 코칭 대화/노출 코칭 대화	2H	강의/실습
11주	코칭 대화기법 2	챔피언 만드는 코칭 대화/진리를 즐기는 코칭 대화	2H	강의/실습
12주	PLACE 코칭	자녀 사명선언서 작성하기	2H	강의/실습

3달간 교인들이 불신자들과 최소 매주 한 번 만나 2시간에 걸쳐 자신들의 자녀 이야기와 가정 이야기를 하다 보면 어느덧 친밀한 관계가 형성되고, 자연히 전도로 이어지는 경험을 하게 된다. 그리고 부모 코칭 클래스를 이수한 부모들을 대

상으로 한 달에 한 번 오프라인 만남을 통해 관계가 지속되고, 전도가 되어지도록 하고 있다. 이 부모 코칭 클래스를 통해 구역이 배가되고, 새로 개척되는 성과를 올리고 있다. 어떤 엄마는 부모 코칭을 통해 더 이상 아이를 미워하지 않게 되고, 있는 그대로의 모습을 인정하고 사랑하게 되어 마음이 편하다고 이야기한다. 또 어떤 엄마는 경청의 기술을 적용하고는 뜬금없이 엄마를 와락 안으며 "나는 엄마가 너무 좋아. 왜냐하면 엄마는 내 마음을 알아주잖아."라며 말하는 자녀와 친밀해진 놀라운 경험을 이야기한다. 어떤 청년은 '개인 코칭'을 통해 지금까지 한 번도 경험하지 못했던 행복을 순간순간 느끼게 되었다고 이야기하고, 또 어떤 청년은 자신의 한계라고 여기고 도전하지 못했던 꿈에 대해 용기를 갖고 도전하게 되는 계기가 되었다며 이야기하고 있다.

4. 사랑의 동산과 맞춤형 전도를 통한 효과

1) 성도들의 변화

우리 교회는 "교회는 영성이 살아 있어야 한다."는 목회철학에 따라 '사랑의 동산' 영성훈련을 통해 전 교인들이 충만한 예수님의 사랑을, 눈물과 감동으로 몸에 익혀 교회와 가정과 사회에서 겸손과 섬김으로 실천할 수 있도록 훈련하고 있다. '사랑의 동산'이란 1993년 9월 뜻을 함께하는 동료 목회자들과 함께 시작한 영성훈련 프로그램으로 교회를 위한, 교회에 의한 영성훈련을 기치로, 교회를 자기 몸처럼 아끼는 헌신된 일꾼들을 계속해서 배출해 내고 있다. 지난 17년 동안 4천여 명의 목회자, 5만여 명의 평신도들이 영성훈련을 받았다. 이미 분당제일교회 교인들은 200여 명이 이 훈련을 받고, 각자의 은사를 따라 교회와 가정과 사회와 삶의 전 영역에서 예수님의 사랑으로 훌륭한 섬김의 삶을 성공적으로 살면서 좋은 결과들을 이루고 있고, 영성이 충만한 교인들로 인해 교회가 크게 활성화되고 날마다 그 수가 더하여 가는 사도행전적인 역사가 일어나기에 교회부흥과 전도의 좋은 모델이 될 수 있다고 확신한다.

2) 목회자가 말하는 사랑의 동산과 맞춤형 전도

우리 교회 안의 전도의 기초가 되는 사랑의 동산은 2박 3일의 짧은 기간에 이루어지지만 그 영향력과 효과는 큰 변화를 가져오는데, 그 효과는 다음과 같다.

첫째, 그리스도인의 생활을 쇄신한다. 사랑의 동산에 참가하여 영성훈련을 받는 훈련생들마다 엄청난 큰 변화를 경험하게 된다. 그래서 사랑의 동산을 경험하고, 교회와 삶의 현장으로 내려가 그 감격과 은혜를 간직한 채 본인이 몸담고 있는 지교회를 헌신과 충성으로 섬긴다는 것은 참으로 아름다운 일이다. 이는 주바라기들만의 경험이 아니다. 주님이 제자를 섬기듯 2박 3일간 헌신적으로 수고하는 천사와 같은 도우미들이 있다. 그들은 자기가 섬기는 것 이상으로 놀랍고 신비한 은혜를 경험함으로 영적 재충전의 좋은 기회가 된다.

둘째, 한국교회를 위한 영성훈련으로서 교회를 살린다. 평신도들의 적극적인 협력 하에 목회자 중심으로 진행되는 사랑의 동산은 이 자체만을 위해 운동을 전개하지 않는다. 철저히 교회를 세우고, 성도들의 침체된 영성을 깨우는 교회를 섬기기 위한 강력한 운동이기 때문에 잘 접목한 교회마다 엄청난 교회 성장의 동력이 되는 것을 볼 수 있다. 이 영성훈련을 통하여 교회 공동체와 성도들은 예수님의 사랑에 감격하고 감동하여 예수님의 사랑이 넘치며, 예수님의 사랑에 강권되어 교회에서 섬김의 삶을 실천함으로 교회가 활성화되고, 빌립전도대를 비롯한 교회의 전도대와 부흥의 귀한 일꾼으로 자리매김하고 있다.

셋째, 참된 제자운동이다. 사랑의 동산 영성훈련을 통하여 하나님의 크신 사랑을 깨닫고 거룩한 그리스도인의 삶을 배워서 하나님 나라와 한국교회를 섬기는 양질의 제자로 훈련시켜 각자 섬기는 교회로 보내는 것을 목표로 하는 참된 제자운동이다.

넷째, 하나님께 영광을 돌리게 된다. 영성훈련을 통해 하나님을 새롭게 만나고, 그 앞에서 철저한 자기 변화를 경험하고, 배운 것을 가정과 교회, 세상에 나가 실제적이고 능동적으로 헌신하고, 봉사하며, 그리스도의 어부(제자)로서 섬김의 삶을 생활화함으로 하나님께 영광 돌리고자 하며, 하나님이 영광을 받으신다면 그것으로 만족하고, 기뻐하며, 최고의 영광으로 여기도록 하기 때문에 교회 안에 부작

용이 생길 수 없다.

다섯째, 예수님의 사랑을 구체적으로 교회 내에서 접목할 수 있다. 훈련 받은 이들은 그때부터 남을 위해 기도해 주는 중보기도자(기도후원자)가 된다. 목회자를 위해 배후에서 기도로 돕는 좋은 사역자가 되고, 교회와 타인을 위해 기도의 일꾼으로 섬기게 된다. 영성훈련은 받은 분들은 반드시 교회 안에서 봉사자로 하나 이상 섬기게 되는데, 일함으로 기쁨과 믿음의 성장이 생기도록 한다. 교회는 사명감을 가진 자들이 필요하다. 교회를 위해 하나님의 일을 앞장서서 사명감으로 불타는 한 사람이 교회 안에 얼마나 큰 역할을 하는지 생각해 보라. 영성훈련을 받은 일꾼들이 사명자로서 헌신할 때 교회의 부흥은 시간문제이다.

예수님이 제자들의 발을 씻어 주시고, 남을 나보다 낫게 여겨 주시고, 긍휼과 이해와 베풀어 주시는 사랑을 실천한 분이듯 영성훈련을 통해 개인의 변화가 일어나고, 그 변화는 가정과 교회와 세상 속에 예수님의 사랑을 각자의 자리에서 섬기는 자(사랑의 실천자)로 살아감으로 폭발적인 역사가 일어나게 된다는 것이다.

빌립전도훈련은 교인들의 전도에 대한 생각을 많이 바꾸어 놓았다. 무엇보다 12주 동안 강도 높은 훈련을 통해 전도에 대한 부담감, 두려움이 자신감으로 바뀌게 되고, 이것이 전체 교인들에게 긍정적인 영향력으로 발휘하게 된다. 여러 성공 사례, 간증들이 나오면서 전체 교회가 전도를 최우선으로 하는 분위기가 되고 있다. 그래서 어떤 이는 물질로, 어떤 이는 차량으로, 어떤 이는 전도 대상자를 소개함으로 전도팀들과 같이 호흡하고, 전도 대상자에 맞추는 전략들을 내세우며 나아가고 있다.

교회 현장의 목소리

저는 어릴 때는 부모님을 따라 교회에 다니다가, 부모님이 돌아가신 18살 이후에는 교회에 다니지 않았습니다. 저의 젊은 시절은 결코 순탄하지 않았고, 결혼 또한 아픔을 겪으면서 영육이 병들기 시작했습니다. 어느 날 유방에 물혹이 발견되어 수술하던 중, 암이 발견되어 항암 치료를 받게 되었습니다. 그 후유증으로 온몸이 아프고, 살아 있어도 사는 것이 아니었습니다. 마음까지 우울해

져서 날마다 죽고 싶은 생각밖에 없었습니다. 문득 제 마음속에 '하나님이 나를 부르시는구나. 이제 교회 가야겠다.' 는 생각이 들기 시작했습니다. 그래서 교회에 발을 들여놓았는데 목사님 말씀이 귀에 들어오지 않았습니다. 그러다 보니 주일이면 놀러 가고 주일성수를 하지 않았습니다. 이후 초음파 검사를 하다가 저도 모르게 "하나님 제 몸에 뭐가 있으면 찾아서 치료해 주세요."라고 기도를 했습니다. 그때부터 하나님의 은혜를 경험하고, 변화되었습니다. 매일 기쁘고 행복하고, 늘 다투던 딸과의 사이도 좋아지고, 주변 사람들에게 내게 일어난 하나님의 은혜를 이야기하고 다니기 시작했습니다.

그런 마음이 약간 식어 갈 때쯤 목사님의 권유로 가게 된 사랑의 동산에서 예수님을 만났습니다. 예수님이 흰옷을 입으시고 제 옆에 오셔서 어깨에 손을 얹으시며 "딸아, 내가 너를 위로한다." 하셨습니다. 그 순간 온몸이 뜨거워지면서 눈물이 펑펑 쏟아졌습니다. 그리고 병이 모두 나았음을 확신할 수 있었습니다.

예수님을 만나고 모든 병을 고침 받았으니 얼마나 기쁘고 행복한지요. 이렇게 많은 은혜를 남에게 전하고 싶은데 방법을 모르던 차에 빌립전도훈련을 받을 수 있는 기회를 주셨습니다.

제 삶은 이렇게 변했습니다. 교회가 너무 좋아서 늘 교회에서 살고 싶고, 성경말씀 배우는 것이 재미있어서 교회에서 하는 성경공부는 모두 참석하고 있습니다. 기도하는 것이 너무 신이 나서 중보기도, 새벽기도 등 하루를 기도로 시작합니다.

아무것도 할 수 없었던 제가 한 영혼을 구원하는 일에 쓰임 받고 있다는 사실에 가끔 제 자신도 깜짝 놀라고 행복합니다. 제가 기쁨으로 하고 싶은 일이 있다는 것만으로도 너무 즐겁습니다. 새로운 삶을 살게 해 주신 주님의 은혜에 보답하기 위해 삶의 전부를 주님께 드리며, 말씀과 기도로 성령충만, 은혜충만 유지하기 위해 노력하고, 저처럼 병들고, 모든 고통과 죄 가운데 있는 자들에게 이 생명 다하는 날까지 복음을 전하는 전도자의 사명을 감당하기 원합니다. 저를 위해 기도해 주신 우리 분당제일교회 목사님과 성도님들께 다시 한번 감사의 말씀을 전합니다.

- 양후선 집사

저는 무슨 일이 있어도 오전 9~12시까지 꼭 잠을 자는 잠꾸러기입니다. 그리고 추위를 너무너무 싫어해서 교회 가는 것 외엔 밖에 나가지 않는 안방 주부입니다. 그런 제가 가장 추운 12월부터 빌립전도훈련을 통해 현장전도를 나가게 되었습니다. 처음에는 복음 제시를 한마디도 하지 못하고, 목사님만 원망했습니다.

그런데 하나님께서 마음을 움직여 주셨고, 왜 전도를 해야 하는지를 깨닫게 해 주셔서 점점 '영혼 사랑병'에 걸리는 감동을 주셨습니다. 만나는 사람마다 복음을 전하고 예수님을 자랑하다 보니 기쁨이 충만해졌고, 심장병까지 치료되었는지 비상약을 먹지 않아도 잘 뛰어다닙니다. 예수 믿고 9년이 되었어도 한 번도 예수 믿으라는 말 한마디 못했고, 전도 총동원 행사 때마다 태신자 작성지를 주면 나와는 상관없는 일처럼 신경도 안 썼고, 주위에 아는 사람이 없어 전도할 사람이 없다고 마지못해 형제 이름만 써내는 저를 이렇게 귀한 교육에 참여하게 해 주신 목사님이 너무너무 감사하여 진심으로 감사하다고 문자를 보낸 적이 있습니다.

그런데 전도를 하다 보니 놀랍게도 이 지역에서 10명이 넘는 태신자가 생겼습니다. 태신자는 전도하려는 마음과 행동이 있을 때 생기는 것임을 깨달았습니다.

전도에 대한 열정이 점점 더해 가던 어느 날 수업을 마치고 돌아오는 길에 사탄이 시기하였는지 교통사고가 났습니다. 퇴원 후 주일예배 때 여호수아 1 : 1~9의 말씀을 받고 나를 버리지 않으신 하나님께 감사하며 펑펑 울며 예배를 드렸습니다. 그리고 '가족전도부터 해야 겠다.'고 다짐했습니다. 큰 아버지, 여동생, 언니들에게 예수님을 알렸습니다. 그리고 평생에 딱 한 번만 교회 나와 준다던 내 남편! 일 년 뒤에 석 달에 한 번 나가겠다던 남편에게 고맙다고 했었는데 그게 아니었습니다. 그저 예수 믿게 해 달라고 기도하며 주님의 때만 기다려왔던 게 너무 무책임했다는 것을 알았습니다.

주일예배 드리고 집에 오면 자고 있는 남편의 영혼이 왜 그리 불쌍해 보이는지, 혼자 예배드리기가 싫다고 하나님께 떼를 쓰기 시작했습니다. 주일이면 남편의 구두를 쇼핑백에 담아 와 눈물로 기도하며 예배드렸으며, 집에서는 조용히 하나님께 간절히 눈물로 금식기도 드리며 내가 어떻게 하면 교회 나가겠냐고 남편에게도 마구 떼를 썼습니다.

그런데 하나님께서 제 기도를 들으셨는지 남편의 마음을 움직여 주셨습니다. 그날부터 지금까지 두 달 동안 주일예배 빠지지 않고 예배를 드리며, 차를 타면 찬송가 테이프를 듣고 따라 부르며 성경도 읽습니다. 하나님은 우리가 열정을 가질 때 역사하심을 깨달았습니다. 우리가 씨만 뿌리면 거두어 주실 하나님의 능력을 믿으며 불신영혼들에게 예수님의 사랑을 전하며 열심히 복음의 나팔을 불 것입니다.

- 박경린 집사

교회는 무엇보다 교회의 본질과 영성을 회복하고, 사회에서 경험할 수 없는 신비한 영적 체험을 제공할 때 비로소 대사회적인 매력을 갖게 된다. 그러므로 교회가 영성훈련 및 본질을 회복하는 부분은 다른 어떤 요소보다 먼저 회복해야 할 본질적인 요소이다. 또한 전도는 얼마나 불신자와 접촉점을 갖고 불신자의 필요를 맞춰 줄 수 있느냐에 성패가 달려 있다고 해도 과언이 아니다. 여러 가지 먹을거리며, 자녀교육이며, 서로서로의 공감되는 부분을 통해 접근한다면 시간은 걸리겠지만 복음에 대해서 호의적인 불신자뿐만 아니라 복음에 대해서 적대적인 불신자도 예수님 믿고 구원 받게 하는 놀라운 역사를 가져올 수 있다. 필요를 채워 주고 섬기는 전도로 불신영혼의 마음을 열어 주고, 그 열려 있는 마음에 복음의 씨앗을 뿌린다면 하나님의 때에 하나님의 방법으로 풍성한 열매를 맺을 수 있을 것이다.

또한 불신영혼 한 영혼이 그로 끝나는 것이 아니라 그와 관계되어 있는 수많은 다른 불신자와의 연결고리가 되어 계속 전도가 되어진다는 것이 중요하다. 이는 단순히 한 사람을 전도하는 것으로 그치는 것이 아니라 제자훈련을 통해 그 사람의 오이코스들도 주님께 나오게 하는 전략이다. 우리 교회 교인들은 이렇게 전도를 실제로 행함에 따라 전도의 노하우가 생기고, 그것을 적극적으로 적용하여 보다 많은 영혼 구원의 사명을 위해 노력하고 있다. "한 영혼이 천하보다 귀하다."는 목회철학에 따라 모든 성도들이 불신자와 접촉점을 늘리며, 그들의 필요를 채워 주기 위해 생활을 통해 접촉점을 넓히고 있고, 또한 한 영혼으로 끝나는 것이 아니라 그 영혼을 통해 또다른 영혼들이 구원되기를 바라보며 전도하고 있다.

이와 같은 '맞춤전도전략'으로 모든 성도들이 나서도록 하기 위해 영성훈련을 통해서 전도를 위한 토양 작업과 전도 동력화를 추구하면서 현장 위주의 전도훈련을 적절하게 해야 한다. 그렇다면 놀라운 전도의 열매를 얻고, 교인도 행복하고 목회자도 행복한 윈윈(win-win) 효과를 낼 수 있을 것이다.

목회 프로그램 3

{ 성공적인 목회를 위한 **전도 프로그램** }

초판인쇄 2009년 10월 10일
초판발행 2009년 10월 20일

엮은이 한국장로교출판사
펴낸이 채형욱
펴낸곳 한국장로교출판사
주 소 110-470 / 서울 종로구 연지동 135 한국교회100주년기념관 별관
전 화 (02) 741-4381~2 / 팩스 741-7886
영업국 (031) 944-4340 / 팩스 944-2623
등 록 No. 1-84(1951. 8. 3.)

ISBN 978-89-398-0574-3 / Printed in Korea
값 7,000원

편집과장 이현주   **기획과장** 정현선
교정·교열 이슬기   **본문디자인** 최종혜   **표지디자인** 김지수
업무과장 박호애   **영업팀장** 박창원

※ 이 출판물은 저작권법에 의해 보호를 받는 저작물이므로 무단전재와 무단복사를 할 수 없습니다.

현대성서주석 시리즈

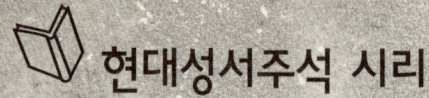

목회자들에게 드리는 최고의 선물!

Interpretation 시리즈는 성경을 연구하고 해석하는 사람들을 위해 미국장로교총회(PCUSA)에서 기획하고 Westminster/John Knox Press에서 발행한 것을 한국장로교출판사가 번역·출간한 것입니다.

구약(26권)

1. 창세기 _ Brueggemann, Walter		30,000원
2. 출애굽기 _ Fretheim, Terence E.		18,000원
3. 레위기 _ Ballentine, Samuel		
4. 민수기 _ Olson, Dennis T.		15,000원
5. 신명기 _ Miller, Patrick D.		20,000원
6. 여호수아 _ Creach, Jerome F.		
7. 사사기 _ McCann Jr., J. Clinton		
8. 룻기 _ Sakenfeld, Katharine Doob		6,500원
9. 사무엘상·하 _ Brueggemann, Walter		20,000원
10. 열왕기상·하 _ Nelson, Richard D.		16,000원
11. 역대상·하 _ Tuell, Steven		15,000원
12. 에스라, 느헤미야 _ Throntveit, Mark A.		7,500원
13. 에스더 _ Bechtel, Carol M.		
14. 욥기 _ Janzen, J. Gerald		15,000원
15. 시편 _ Mays, James Luther		20,000원
16. 잠언 _ Perdue, Leo G.(근간)		
17. 전도서 _ Brown, William P.		8,000원
18. 아가 _ Sheppard, Gerald T.		
19. 이사야(1) _ Seitz, Christopher R.		14,000원
20. 이사야(2) _ Hanson, Paul D.		
21. 예레미야 _ Clements, Ronald E.		15,000원
22. 예레미야 애가 _ Dobbs-Alsopp, F. W.		
23. 에스겔 _ Blenkinsopp, Joseph		12,000원
24. 다니엘 _ Towner, W. Sibley		10,000원
25. 호세아-미가 _ Limburg, James		12,000원
26. 나훔-말라기 _ Achtemeier, Elizabeth		10,000원

신약(17권)

1. 마태복음 _ Hare, Douglas R. A.　　　　　　　　16,000원
2. 마가복음 _ Williamson, Lamar, Jr.　　　　　　　16,000원
3. 누가복음 _ Craddock, Fred B.(근간)
4. 요한복음 _ Sloyan, Gerard S.　　　　　　　　　15,000원
5. 사도행전 _ Willimon, William H.　　　　　　　　12,000원
6. 로마서 _ Achtemeier, Paul J.　　　　　　　　　12,000원
7. 고린도전서 _ Hays, Richard B.　　　　　　　　　18,000원
8. 고린도후서 _ Best, Ernest　　　　　　　　　　　10,000원
9. 갈라디아서 _ Cousar, Charles B.　　　　　　　　8,000원
10. 에베소서, 골로새서, 빌레몬서 _ Martin, Ralph P.　8,000원
11. 빌립보서 _ Craddock, Fred B.　　　　　　　　　6,500원
12. 데살로니가전·후서 _ Gaventa, Beverly R.　　　　8,000원
13. 디모데전·후서, 디도서 _ Oden, Thomas C.　　　10,000원
14. 히브리서 _ Long, Thomas G.　　　　　　　　　10,000원
15. 베드로전·후서, 야고보서, 유다서 _ Perkins, Pheme　10,000원
16. 요한 1, 2, 3서 _ Smith, D. Moddy　　　　　　　9,000원
17. 요한계시록 _ Boring, M. Eugene

주석은 교회에서 성경을 해석하는 이들에게 특별한 의미를 갖는 자료로써, 무엇보다도 성경을 가르치고 설교하는 일에 도움을 주려는 의도에서 집필되었다. 이 탁월하고도 새로운 현대성서주석은 오늘날의 말씀사역에 큰 기여를 하게 될 것이다.

　주석 시리즈는 역사적인 연구와 신학적인 이해를 결합시킴으로써 성경본문에 대한 풍부한 해석을 제공한다. 또한 이 주석은 본문이 말하고자 하는 것이 무엇인지를 쉽게 이해시키며, 그러한 이해를 가지고서 오늘날의 삶과 신앙이 안고 있는 비판적인 문제들과 더불어 대화를 나눌 수 있게 해 준다.

　성경을 가르치는 이들과 설교자들, 그리고 성경을 진지하게 연구하는 모든 이들은 성경본문의 현대적인 의미를 새롭게 제시하는 한 성서 주석을 만나게 될 것이다.

대한예수교장로회총회
한국장로교출판사

말씀으로 세상을 디자인합니다

"태초에 말씀이 계시니라 이 말씀이 하나님과 함께 계셨으니 이 말씀은 곧 하나님이시니라"(요 1 : 1).

태초부터 계셨던 말씀은 우리가 추구해야 할 단 하나의 진리입니다.

하나님 말씀으로 교회와 세상 사이, 사람과 사람 사이가 소통되고 하나님의 뜻을 닮아 가는 세계를 바라봅니다.

한국장로교출판사는 변화하는 시대에 발맞추어 하나님의 말씀이 가장 효과적으로 선포될 수 있는 길을 찾아 개척하고, 문서선교를 통해 '하나님을 기쁘시게 하는 일' (요 8 : 29)에 힘쓰는 출판사입니다.

110-470 / 서울 종로구 연지동 135 한국교회100주년기념관(별관) 한국장로교출판사 (홈페이지) www.pckbook.co.kr
Annex, The Korea Church Centennial Memorial Building 135 Yunji-Dong, Chongno-KU, SEOUL, 110-470, KOREA
본사 (전화) 02-741-4381~2 (팩스) 02-741-7886   영업국 (전화) 031-944-4340 (팩스) 031-944-2623

목회 프로그램을 위한 추천도서

이 땅에서 진정한 하나님 나라를 구현하는 교회를 이루고자 기도하며 힘쓰는 목회자들을 위해 한국장로교출판사의 목회 프로그램 시리즈를 소개한다.

| 평생목회 프로그램 | 신동작 지음, 한국장로교출판사

교회를 새롭게 변화시키고자 노력하는 목회자들과 교회 지도자들에게 새로운 아이디어를 제공하기 위해 기획된 책이다. 소개된 프로그램들을 잘 활용하면 성경의 원리를 토대로 하면서도 예배와 교육, 그리고 절기 프로그램 준비에 부족함이 없을 것이다.

| 성공적인 예배를 위한 음악목회 프로그램 | 김영국 지음, 한국장로교출판사

예배가 주님을 섬기는 것(to minister to the Lord)이 되도록 모든 음악 사역자들에게 필요한 창조적이고 실제적인 이론과 자료들이 여기 모였다. 저자는 미국과 한국교회들의 음악예배와 목회 사례를 분석하고, 그것을 자신의 전문적인 감각으로 재해석하여 우리에게 들려준다. 이것들이 우리 예배 현장에서 사용되어질 때 우리의 예배는 더욱 건강해지고, 성경적이 되며, 영적으로 회복될 수 있을 것이다.

| 성공적인 목회를 위한 전도 프로그램 | 한국장로교출판사 편

성장하고 부흥하는 교회들은 무엇이 다를까? 이 책은 축구전도, 생활전도, 지역 섬김 등을 통해 성장·부흥하는 교회들의 사례를 담고 있는 프로그램집이다. 각각의 교회에서 실행하는 프로그램의 동기와 준비, 과정, 규모, 그로 인한 목회적 효과 등을 폭넓게 담고 있다. 전도와 관련한 새로운 프로그램을 찾고, 실행하려는 교회들에게 큰 도움이 될 것이다.

전도와 양육을 위한 추천도서

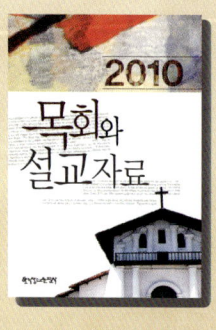

| 2010 목회와 설교자료 |
한국장로교출판사 편,
한국장로교출판사

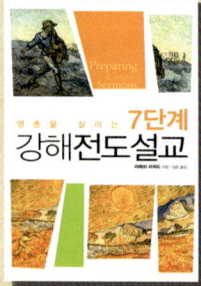

| 영혼을 살리는 7단계 강해전도설교 | 라메쉬 리처드 지음, 정현 옮김, 디모데

라메쉬 리처드는 전도를 위해 우리가 갖추어야 할 것들에 대해 명쾌하고 선명하게 제시한다. 책의 전반부에서는 설교자가 꼭 소유해야 할 복음 전도자로서의 소명과 성경적이고 신학적인 신념에 대해 다루었으며, 후반부에서는 전도설교의 설교학적인 방법론을 다루었다. 이 방법론은 성경으로 설교를 조각하는 7단계 강해설교 작성법에 근거하여 전도설교의 기초와 틀, 그리고 방법론을 단계별로 자세히 소개한다. 신학생, 사역자, 교회의 리더를 비롯해 심도 있는 전도설교를 원하는 사람들에게 소중한 지침서가 될 것이다.

| 건강한 작은 교회 | 데니스 비커스 지음, 조계광 옮김, 생명의말씀사

한국의 많은 교회가 100명 이하의 교회이다. 따라서 이 작은 교회들이 건강해야 한국교회가 건강할 수 있다. 오랫동안 작은 시골교회의 목회자로 섬기며 풍부한 경험을 쌓아온 저자는 어떤 문제들이 교회의 건강을 저해하는지, 건강을 회복할 수 있는 방법은 무엇인지, 이를 유지하고 발전시켜 나갈 수 있는 방안이 무엇인지 알려 준다. 적용 가능한 13가지 조언과 지침을 담아 교회의 상황을 직시하게 하고, 건강하게 변화시키고 유지할 수 있도록 돕는다. 부록으로 교회와 개인의 영적 건강 상태를 진단해 볼 수 있는 질문지를 첨부했다.

목회현장에서 복음을 전하고, 하나님의 말씀으로 양육하는 데 지침이 될 만한 설교집, 전도 사례집, 양육을 위한 도서를 담아 보았다.

목회자들의 목회와 설교에 도움을 줄 수 있는 자료집으로, 교회력에 맞춘 낮예배(52편)와 밤예배(20편), 수요기도회(20편) 설교자료와 개인전도와 직장선교, 양육 등을 위한 목회자료, 영혼을 치유하는 데 도움이 될 만한 특별 프로그램을 담고 있다. 현장 목회에 도움을 줄 수 있는 목회도서 코너가 함께 있으며, 수년분의 설교자료와 한국장로교출판사 베스트 설교집 모음을 CD로 담아 증정한다.

| 아파트 전도 이렇게 해 보자 | 박봉수 지음, 한국장로교출판사

놀랍게 부흥하고 있는 상도중앙교회 박봉수 목사의 저서로, 오늘날 대표 주거문화인 아파트 전도의 실제적인 방법과 개별적인 사례를 담고 있다. 아파트 주거문화에서 어떤 방법으로 전도하고, 어떻게 이 주거문화의 장벽을 역으로 활용할 수 있을지에 대한 기발하고 용이한 사례들을 담고 있는 이 책은 현대인의 전형적인 라이프 스타일을 대표하는 아파트 전도를 우리는 어떤 모습으로 하고 있으며, 방법론적인 문제나 보완할 점은 없는지에 대해 개교회가 스스로 점검해 볼 수 있도록 도와준다.

| 새가족을 위한 12가지 복음 이야기 | 최홍준 지음, 두란노

한 번 인도하기는 쉬워도 계속 붙잡아 두기 어려운 것이 있다면 단연 '새신자'이다. 한 영혼을 구원하는 일은 온 천하를 갖는 것만큼이나 귀하고 값진 일이지만 그만큼 어려운 일이다. 이 책은 저자가 지난 30여 년간 전도집회 시 전했던 100여 편의 설교들 중에서 새가족이 가장 궁금하게 여겼던 12가지 이야기를 엮은 책이다. 창조론과 종말론, 조상제사 및 개종의 문제 등 이 책에 수록된 다채로운 예화들은 전적으로 새가족의 눈높이에 맞추어 쓰여졌으며, 그리스도인으로서의 정체성을 확립하여 정착된 신앙생활, 영혼이 살찌는 신앙생활을 할 수 있도록 돕는다.

문화전도를 위한 웹사이트

건전한 기독교문화를 양산하여 주도해 나가는 단체들을 클릭해 보자. 이 안에 담긴 활동이나 기사들이 사회를 이해하는 데 도움이 되고, 새로운 신자들의 삶과 접촉점을 만드는 데에 도움을 줄 것이다.

| 총회문화법인 pckculture.onmam.com |

총회와 노회, 개교회에서 시행하는 문화선교 사역을 체계적으로 지원하고 돕기 위해 만들어졌다. 문화법인은 종합적이고 효율적인 지원 시스템을 통해 교단 내 문화자원을 연결하고, 대내외적인 협력을 전개하면서 다양한 문화콘텐츠를 개발하고 지원한다. 홈페이지에 들어가면 도서, 영화, 공연, 카페 등 다양한 기독교문화 자료 정보를 얻을 수 있다.

| 문화선교연구원 www.cricum.org |

목회자와 신학생 및 관심 있는 사람들을 대상으로 기독교문화 심포지움(연 1회), 문화포럼(전반기, 후반기 1-2회), 영화학술제(연 1회), 기독교문화 교실, 기독만화 공모전 등 기독교문화 전반에 걸친 다양한 활동들을 전개하고 있다. 저렴한 비용으로 기독교 메시지를 전하는 영화, 뮤지컬의 소식도 접할 수 있다.

| 교회영상네트워크 www.churchmovie.net |

기독교문화콘텐츠를 기획하고 예배와 절기에 필요한 영상 들을 정직하게 공유하는 공간이다. 저작권을 엄격히 준수하며 개인의 메시지와 아이디어로만 편집되어 있다. 자신의 창작물에 대하여 일정한 조건하에서 모든 이들에게 자유이용을 허락하는 내용의 라이센스(Creative Commons License)로 영상물을 공유한다. 누구나 들어가서 볼 수 있다.